신자산가의
인생 습관

신자산가의
인생 습관

부모 세대처럼 부자가 될 수 없는 나에게

서정덕 지음

지&음

— 물고기 잡는 법을 알려주는 사람입니다.　　　　　　　_송**

— 매일매일 함께하며 투자의 좋은 습관도 쑥쑥 자라고 있습니다.

_blue***

— 서정덕의 부지런함이 참 좋습니다. 탁월한 분석은 기본입니다.

_lv3d***

— 중요한 뉴스만 딱딱 알려주셔서 감사합니다. 좋은 습관 서정덕,
파이팅입니다.　　　　　　　　　　　　　　　　_J***

— 콕콕 찍어서 올려주니 감사하네요. 밥을 입에 넣어주니 우리는
씹기만 해도 돼요.　　　　　　　　　　　　　_긍****

— 역시 예리한 분석과 탁월한 추론!　　　　　　_mg5t***

— 서정덕은 귀에 쏙쏙! 족집게 과외쌤입니다!   _로**

— 영혼을 갈아 넣은 설명! 감사합니다.   _우**

— 아주 재밌는 경제 강의!   _김**

— 부지런하고 현명하신 서정덕 님. 좋은 정보 올리려고 늘 노력하
  는 모습이 감동입니다.   _양**

— 휴일에도 정보 전해주는 성의에 깊이 감사드립니다. 매일 아침
  방송 듣는 것이 하루 일과의 시작입니다. 제일 믿고 볼 수 있는
  방송으로 생각합니다.   _길**

— 돈 되는 정보만 모아모아서 핵심만 전해주는 서정덕 님께 감사
  드립니다.   _H***

— 주식 문외한에서 벗어나게 해주어서 너무 감사드립니다.　_지**

— 서정덕 님이 강조하는 투자의 원칙. 그 원칙을 지키며 주식 수를 늘리고 있습니다. 늘 감사하지요. 유머와 위트 있는 경제 전반 뉴스로 이른 아침에 나를 웃게 하는 유일 방송입니다.　_최**

— 덕분에 새로운 배움을 시작하게 되어 참 행복합니다. 잘 공부하겠습니다.　_박**

— 어떻게 매일 새벽에 최신 뉴스를 이렇게 전해주는지 늘 고맙고 놀라울 뿐입니다.　_이**

— 유익하고 유쾌한 서정덕! 항상 응원하고 감사합니다! 성실하고
  정직과 정의로움까지 갖추신 서 기자님 승승장구하세요!   _레**

— 딱딱하고 어려운 경제 뉴스가 친근하고 편안하게 느껴져서
  너무 좋아요!   _h***

차례

나를 바꾸지 않고
부자가 될 수 없다

"결국 운명을 결정짓는 것은
삶에 대한 태도이다."

_김택진(엔씨소프트 대표)

우리는 언제나 조금 더 나은 삶을 추구한다. 자본주의 사회에서 사는 이상, 나은 삶을 위해서 돈은 필수 요소일 수밖에 없다. 문제는 돈의 가치가 현저히 떨어지고 있다는 것이다. 특히 정상적인 노동 행위를 통해 얻는 돈의 가치가 점차 축소되고 있다.

반면 SNS 등이 발달하며 내가 가진 것보다 많은 것을 누리며 사는 사람들은 더 가까이 보인다. 영화나 드라마 속에서 보는 부자들의 모습은 과거와 비교도 못 할 어마어마한 수준으로 바꿔었다. 대한민국 재계 1위 재벌 정도의 수준이 아닌 부자들은 주인공으로 등장하지도 못한다. 그런 장면을 보면서 나도 저런 부자가 되었으면 좋겠다고 소망한다.

그러나 실제로는 '평범한 꿈'을 이루기도 쉽지 않다. 평범하게 결혼해서 평범하게 아이를 하나둘 정도 낳고, 큰 부자는 아니어도 번듯한 내 집을 가지고 안정된 삶을 계속 유지하는 일은, 부모님이 도와주는 사람이라면 가능할지 몰라도 '내가 버는 것'만으로는 어렵다.

다행히 좋은 직장에 취직해 인센티브도 받으며 소득을 높여갈 수 있는 시기도 있다. 그러나 그 시기가 계속되지는 않는다. 느닷없이 직장에서의 지위가 흔들릴 수 있다. 특히 40대가 되면 더 그렇다. 여러 상황으로 원치 않는 이직을 하게 될 수도 있다. 처음에는 운 좋게 연봉이 훨씬 더 높은 곳으로 이직할 수도 있겠지만, 연봉이 높다고 안정성이 높은 것도 아니다. 직장을 그만두고 자의 반 타의 반 자영업자의 길로 들어서게 된다.

이렇게 직장을 다니든 자영업을 하든, 오늘날 많은 이들이 '먹고살기 위해' 하기 싫은 일을 억지로 하며 하루하루 버티고 있다는 느낌을 받는다. 그래서 더더욱 사람들이 '부자'가 되고 싶어

하는 것이다.

현대 사회에서 부자가 된다는 것은 속물적 목표가 아니라, 보다 인간적인 삶, 내가 하고 싶은 일을 하면서 살기 위한 필수 조건에 가깝다. 다른 사람의 억압이나 원치 않는 일로부터 벗어날 자유에 대한 본능에 가깝다. 그런데 부자는 도대체 어떻게 되는 것일까.

500만 원 내고 5,000만 원을 벌 수 있는 법은 없다

이 책은 꼼수를 통해 부자가 되기 위한 책은 아니다. 큰 대가를 노리고 큰 위험을 감수하라는 주장도 하지 않는다. 오히려 보통의 사람들이 남들과 동일한 조건에서 자산을 더 많이 축적하기 위해 어떻게 해야 하는지를 말해주는 책이다.

부자가 되는 정석은 남들보다 더 노력하기 위한 기본을 체득하고, 내 것으로 만들어가기 위해 노력하는 것뿐이다. 요행이 아니기 때문에 시간을 더 투자해야 하고, 돌아가더라도 올바른 길로 가야 하며, 아주 큰 이익은 못 얻어도 잃지 않아야 한다. 그리고 이렇게 얻은 이익이 사라지지 않고 더 큰 이익으로 쌓이게 해야 한다.

즉, 이 책이 말하는 것은 마음이 편안할 수 있는 부자의 길, 올바르게 가는 부자의 길이다.

때문에 이 책에는 대박이 나는 투자 정보가 없다. 그런데 '정보'가 부자가 되는 데에 꼭 그렇게 필수적일까. 많은 이들이 정보가 없어서 자산을 갖지 못한다고 생각한다. 그러나 정보가 없어서가 아니라, 직장에서 일하기 바빠 투자에 쏟는 시간이 너무 적어 빛을 보지 못한 것일 수도 있다. 아직 자신이 가진 부가 더 큰 부로 바뀌려면 시간이 걸리기 때문일 수도 있다. 올바른 방법에 대한 확신만 있으면 조바심 내지 않고, 잘못된 정보에 목매지 않고 차곡차곡 자산가의 길을 갈 수 있다.

꽤 많은 이들이 잘못된 방법으로 부자가 되기 위해 노력하기도 한다. 2시간에 500만 원이나 하는 투자 강의를 들었는데 그 강의가 실제로는 아무 내용이 없을 수도 있다. 그런 '사기' 강의가 넘쳐난다. 헛정보를 찾아다니느라 시간과 돈을 쓰지 말고, 자신에게 맞는 노력을 통해 조금 오래 걸리고 수익이 적더라도 꾸준히 걸어가다 보면 스스로 목표하는 경제적 자유에 가까워질 수 있다.

차근차근 자산을 축적한다고 하면 "그렇게 해서 어느 세월에 자산가가 되겠냐"는 반문이 돌아온다. 최근 각종 블로그, 강의, 유튜브 등 다양한 곳에서 '부자 되는 법'만 검색해도 수없이 많은 콘텐츠가 나온다. 그런 콘텐츠를 통해 공부하면서 스스로의 방법을 만들어가는 노력을 당연히 해야 한다.

그런데 어느샌가 본질을 망각하고 '한 방'을 노리는 사람들이 늘어나기 시작했다. '이렇게 부자가 되었다는 썰' '이것만 알면 당신도 부자' 등과 같은 썸네일의 카피가 사람들을 자극한다. 그리고 혹할 사람들을 노리는 사람들이 판을 친다.

그런 어처구니없는 말에 혹하는 사람들이 있을까 싶겠지만, 생각보다 매우 많다. 자산 형성과 투자의 기본을 모르기에, 자본 시장의 기본을 모르기에, 도저히 현혹될 수 없는 허무맹랑한 소리에도 혹하는 것이다.

생각해보자. 월 500만 원을 투자해 월 5,000만 원을 버는 방법을 알려주는 사람이 있다고 치자. 이 사람의 강의를 다수의 사람들이 듣고 정말 5,000만 원씩 벌었다면, 이미 사과 1개 값이 50만 원이 넘어갔을 것이다. 그렇지 않겠는가. 다수의 월 수익이 5,000만 원이 되는 시대가 되면, 그런 시대에 물가는 얼마나 하겠느냐는 말이다.

그러나 사과 1개 값이 50만 원이 아닌 것을 보면, 그런 강의를 들어서 돈을 벌 수 있는 확률이 지극히 낮다는 뜻이다. 그러니 처음부터 그런 강의는 아예 들을 생각을 하지 않는 게 좋다. 그런 이야기에 혹해서 시간과 돈을 쓰다가 올바른 투자의 기본기를 쌓을 기회만 도리어 놓치게 되고, 위험한 사기에 노출된다. 최근 점점 더 사기 사건이 늘어나고 있다. 사기 사건 중에는 유명인이 추천하는 투자인 경우가 많다. 이런 투자는 남을 믿고 하는 것인데, 안 좋은 결과를 낳기 마련이다.

이 책은 A에 투자하면 당신이 당장 100억 원의 부자가 될 수 있다고 이야기하지 않는다. 매일 새벽 5가지를 지키면 성공할 수 있다는 이야기도, 마인드 콘트롤을 통해 부자가 될 수 있다고 말하지도 않는다. 다만 이 책을 통해 현재 우리 자본 시장, 투자 시장의 기본을 알 수 있을 것이다.

경제 전문가로 활동하다 보니 수많은 SNS 메시지나 이메일을 받는다. 대부분 응원과 감사의 내용이다. 오히려 내가 감사해야 할 분들이 그런 말을 해주신다. 메시지나 메일에는 당연히 경제 혹은 투자와 관련된 질문들도 많은데, 그 안에는 정말 예상치 못한 기초적인 질문들도 많다.

예컨대 "코스피와 코스닥 중 어떤 곳에 투자하는 것이 더 나을까요?" "어느 정도 수익이 나면 매도하면 좋을까요?" "A라는 유명인이 리딩방을 운영하던데 괜찮은 건가요?" 하는 등의 내용이다.

이런 질문들을 보다 보면 많은 사람이 투자의 기본을 등한시하고 투자 수익률에만 집중한다는 것을 느끼게 된다. 당연히 수익은 높을수록 좋겠지만 수익률만 노리다 보면 경제 상황이 급변동하는 시기에 대응하지 못해 잘못된 투자에 손을 대고 큰 손실을 입을 수 있다. 높은 수익률을 기대하다 보니 빠져나와야 할 때 못 빠져나오기도 한다. 그런 일을 겪지 않으려면 탄탄한 투자의 기본기가 필요하다.

과거 부모 세대들은 이런 기본을 알지 못하고도 운 좋게 돈을 벌 수 있었다. 한 시절에 잠깐 번 자산으로 평생을 넉넉하게 살 수도 있었다. 경제가 계속 상승기였기 때문이다. 그러나 이제 그와 같은 고도성장의 시기는 없다. 그래서 더더욱 남이 하는 말에 의존하지 말고, 자기만의 방법을 찾아야 한다. 거듭 말하지만 현재와 같은 고물가와 고금리 시대에 기댈 수 있는 것은 부자가 되기 위한 '한 방'보다는 '차근차근'이다.

그리고 목표를 구체적으로 잡아야 한다. 막연히 세계 10대 부호의 습관을 동경하고 따라해봐야 정작 남는 게 없을 것이다. 그보다는 손에 잡히는 수준의 자산가들의 구체적인 습관을 연구해보는 것이 필요하다. 특히 과거와 다른 오늘날에 필요한 자산가들의 습관에 주목할 필요가 있다.

신자산가와 구자산가의 차이

이 책에서 칭하는 '신자산가'란 손에 잡히는 수준의 자산가를 말한다. 신자산가는 100억, 200억과 같은 돈을 가진 이들을 말하지 않는다. 내가 생각하는 신자산가는 부동산을 포함해 자산 규모 50억 원 이상의 부를 축적한 사람들로, 자산 증식을 근로소득에 의존하지 않아도 되는 사람들이다. 이 기준은 자의적인 것이 아니다.

자산가에는 여러 기준이 있다. 나무위키를 살펴보면 평균적으로 사람들이 생각하는 부자의 기준은 자산 기준 부동산 포함 100억 원 이상, 소득 기준 가구당 최소 월 4,000만 원 이상을 버는 사람이라고 한다. 그러나 이는 사실 너무 높은 기준이다. 노력만으로 이루기는 힘든 목표다.

금융권에서 부자 또는 자산가로 분류하여 고객을 VIP로 분류하는 기준, 혹은 국민 다수가 부자라고 평가하는 기준, 혹은 상위 10% 또는 상위 3% 등 다양한 기준이 있다. 최근 증권가의 설문조사를 보면 30억 원 이상 자산을 보유한 자를 자산가로 칭한다. 이에 맞추어 우리의 기준을 50억 원으로 잡자는 것이다.

이 책에서 '신자산가'라는 이름을 붙인 또 다른 이유는 당연히 시대가 바뀌었기 때문이다. 과거에 '부자가 된 사람'이라고 하면 떠오르는 스테레오 타입이 있다. 시대의 흐름에 맞게 적당히 투자했는데 재산 증식이 빠르게 이루어진 경우들이다. 실제로 과거에는 이런 사례가 정말 많았다. 지금의 50~60대 이상의 부모 세대가 여기에 해당한다. 그분들이 노력을 안 했다는 것은 아니지만, 노력의 정도가 지금 시대의 자산 형성과 비교하면 훨씬 수월했던 것도 사실이다.

시대의 흐름에 어느 정도 편승을 할 수 있다면 큰 노력과 위험 없이도 자산을 이룰 수 있다. 1980년대처럼 경제가 굉장히 호황인 시절에는 별다른 재테크라는 것이 필요 없었다. 두 자릿수의 이자를 지급하는 예적금만으로도 재산을 불리기 쉬웠다. 내 집 마련 역시 청약을 신청하여 당첨되면, 중도금 등을 모아둔 돈에 월급 등을 더해 마련할 수 있었다. 그렇게 장만하게 된 집의 가격이 물가가 오르며 같이 상승하고, 자연스럽게 자산 증식으로 이어졌다. 집값이 쉽게 오른다는 것을 파악한 이들은 일찌감치 전세를 끼고 내 집을 한 채 더 사두는 소위 갭투자를 했고, 이를 통해 자산을 증식했다.

여기서 조금 더 눈을 뜬 사람들은 건물, 대지 등 부동산에 다양하게 투자하며 자산을 빠르게 증식했다. 그러나 이런 시대는 저물고 있다. 일련의 자기계발서들은 지금이 도리어 누구나 부자가 되기 쉬운 시대라고 한다. 그럴 수 있다. 하지만 분명한 것은 우리는 이미 부모 세대의 방식으로 부자가 될 수 없는 시대로 가고 있다는 것이다.

구자산가들이 힘들게 일궈낸 부를 깎아내리려는 것이 아니라, 각 시대에 맞는 투자 방법이 있다는 것을 강조하는 것이다. 이제는 바뀐 환경에서, 바뀐 방법으로 자산을 형성해야 한다는 것을 말하는 것이다.

현재 자산 형성을 위한 환경은 어떠한가. 환경이 과거와 많이 바뀌었다. 주식과 코인 광풍이 몰아친 후폭풍도 상당하다. 누구나 부자가 될 수 있을 줄 알았지만 생각보다 어려웠고, 손실을 본 사람들도 상당하다. "나만 부자가 되지 못한 것 같다"는 자조적 이야기가 넘쳐난다.

안타깝게도 이제 현실을 직시해야 한다. 이제 대한민국에서 자산 증식은 생각보다 쉽지 않다. 고물가와 고금리로 인해 투자 환경이 좋지 못하다. 광풍처럼 몰아쳤던 코인, 주식 시장의 높은 수익률은 살아생전 다시 구경하기 어려울 수 있다는 것을 빨리 깨달아야 한다. 노동소득만으로는 내 집 마련은커녕 하루하루 생활조차도 힘들다.

그렇기에 바뀐 환경에 적응하며 빠르게 자산 증식 방법을 찾아내려면, 과거처럼 '닥쳐올 파도'를 기다리는 게 아니라, 스스로 매일매일의 생활을 바꾸어야 한다. 부지런하고 기민해야 한다. 그것이 향후 자산을 형성할 수 있는 신자산가의 성공 조건이다. 변화에 빠르게 대응해야 하고, 무모하지는 않지만 실행은 매우 빨라야 한다.

CHAPTER 1

오늘의 관점을 가져라

"미래에 있을 일이라도 현재라고
생각하고 보아라."

_래리 엘리슨(오러클 창업자, 포브스 기준 현 세계 부자 5위)

자산가가 되기 위해서는 어떠한 방법이 필요할까. 게임을 잘하려면 게임을 잘하는 랭커(게임에서 순위가 높은 고수)들의 플레이를 그대로 따라 하고 연습해야 한다. 공부를 잘하려면 명문대 합격자들의 합격 수기를 참고해야 한다. 마찬가지로 자본 시장에서 '자산가'에 근접하려면 현재 시점의 자산가들을 참고하고, 적극적으로 나에게 맞는 방향을 만들어 발전시켜야 할 것이다.

그러려면 가져야 할 3가지 관점이 있다. 첫째 '현재 시점'을 생각하는 것이다. 지금 대한민국은 어떤 상황인가. 세계 경제는 어떠한가. 치솟던 물가가 다소 안정화되고 금리 상승기가 정점을 찍었다고는 하지만 고물가·고금리가 장기화되리라는 전망이 지배적이다.

그간 우리는 초저금리 시대에 살았다. 결정타는 코로나팬데믹 시기였다. 2020년 미국 연방준비제도는 코로나팬데믹에 대응하기 위해 기준금리를 3월 0.5%, 5월 1% 전격 인하를 단행하며

0.25~0.50% 수준을 유지했다. 이후 초저금리 시대는 2022년 3월까지 2년간 지속됐다.

이 당시 기준금리만 낮아진 게 아니다. 미국은 경기 부양을 위해 양적완화 정책을 강하게 썼다. 보통 금리를 내리면 경기가 부양되기 마련이다. 그런데 이미 정책금리가 0에 가까운 초저금리 상태여서 더 이상 금리를 내릴 수도 없었다. 양적완화는 중앙은행이 기준금리를 조절하여 간접적으로 유동성을 조절하는 방식과 달리, 직접적인 방법으로 시장에 통화량 자체를 늘리는 통화정책이다.

팬데믹 시기에 전례를 찾아볼 수 없을 정도로 엄청난 돈이 시중에 뿌려졌다. 기축통화(국제간의 결제나 금융 거래의 기본이 되는 통화)국이었던 미국의 이와 같은 대규모 양적완화로 인해 전 세계에 유동성이 풍부해지면서, 돈의 가치가 하락하고 자산의 가치가 늘어나는 현상이 발생했다.

다들 기억하겠지만 이 시기에 대한민국 부동산 가격이 폭등했다. 자고 일어나면 부동산 가격이 오르고, 매일 부동산 관련 뉴스들이 줄을 이었다. '영끌'이라는 단어가 등장하고, 해당 시점 초

이제 마이너스에 가까운 금리나 부동산 가격 폭등을 기대하지 마라.
오로지 조금이라도 수익을 플러스로 만드는 정확한 투자를 하라.

기에 이러한 정책의 효과를 미리 알고 부동산을 매입한 사람들은 수월하게 자산을 증식했다.

이는 대한민국만의 현상이 아니었다. 전 세계적으로 부동산 가격이 폭등하며 자산 격차가 순식간에 벌어졌다. 부동산뿐만 아니라, 주식 시장과 코인 시장도 마찬가지였다. '돈복사'라는 말이 나온 것도 이때다. 대충 아무 주식이나 전문가라는 사람들이 찍어주는 대로 사면 올랐다. 증권 방송, 유튜브, 각종 SNS 등 거의 모든 곳에서 주식과 코인 열풍이었다. 이 시기에 대다수와 비슷한 방향으로 주식에 투자한 사람들은 제법 재미를 봤을 것이다.

코인 시장은 더욱 대단했다. 비트코인으로 대표되는 코인이지만, 세 자릿수 상승률은 기본이고 네 자릿수 상승률을 기록하는 코인도 많았다. 코인에 투자해 자산가가 되었다는 사람들은 주변에서 심심찮게 볼 수 있다. 코인으로 소위 '대박' 난 사람들의 자산은 우리가 상상하는 것 이상이다. 대한민국 대표 부촌으로 꼽히는 잠실 롯데시그니엘에 거주하는 사람 가운데 코인으로 부자가 된 사람들이 많고, 코인으로 건물을 사고 슈퍼카를 탄다는 사람들의 이야기가 돌았다.

실제로 A은행 지점에 20대가 방문해 수백억 원을 예치하는 일이 있었다고 한다. 이 20대 자산가의 수백억 원은 코인 투자를 통해 만든 것이었는데, A은행 지점장에게 해당 금액을 재투자하라고 하거나 귀찮게 하면, 돈을 모두 회수한 뒤 다른 은행으로 옮기겠다고 으름장을 놓기도 했다는 이야기도 들었다.

그 당시에는 재벌들도 상당히 허탈감을 느꼈다는 이야기도 들렸다. 그럴 만하지 않겠는가. 평생 위기를 이겨내며 일군 기업의 가치와 순식간에 코인 시장에서 번 자산의 크기가 비슷하다니. 허탈한 감정이 안 들면 그게 더 이상할 것이다.

지나간 파도를 기다리지 말고 오늘의 파도를 타라

이처럼 우리는 2020년 3월부터 2022년 3월까지 약 2년간 지금껏 한 번도 볼 수 없던 유동성을 겪었다. 처음 보는 대형 파도가 전 세계를 강타한 것이다. 그 파도를 잘 이용하여 서핑을 즐긴 사람들은 평생 만져보지 못할 돈을 만지며 부를 이룩했다고 할 수 있다.

반대로 저 시기에 높은 파도를 반대로 탄 사람은 오히려 더 큰 손해를 봤을 것이다. 자본 시장은 한쪽의 이득과 다른 쪽의 손실이 합쳐져 제로가 되는 '제로섬 게임'으로 만들어진다. 승자의 이득은 곧 패자의 손실이다. 이렇게 큰 부를 순식간에 이룩한 사람이 있다면 누군가는 손실을 분명히 봤다는 것이다. 놀랄 만큼 큰 수익을 낸 사람이 있다면 큰 손실을 본 사람도 있을 것이며, 그 정도는 아니더라도 소소한 손실을 본 사람도 많을 것이다. 설령 아무것도 하지 않고 있던 사람이라도 돈 가치 하락에 따른 자산 가치 하락을 경험했을 것이다.

이 몇 년의 과정에서 발생한 가장 큰 문제는 언제 올지 모를 그 '시기'를 막연히 꿈꾸는 사람들이 늘어났다는 것이다. 열심히 해 봐야 코로나팬데믹 시기 같은 큰 파도가 오면 아무 소용 없다. 어차피 부자가 될 사람만 될 거고, 다 운에 달린 것이니 노력하지 말고 대충 현재를 즐기자는 사람들도 늘었다.

지난 2020년 3월부터 2022년 3월까지 이어진 유동성 장세는 아주 특수한 시기라고 할 수 있다. 다시 파도에 비유하자면 우리는 보통은 잔잔한 파도를 맞으며 살게 된다. 간혹 닥치는 조금 더 큰 파도를 잘 살펴보고 준비하고 대응하여 그 시기에 부를 축적하는 방법을 적극적으로 이용해야 한다. 그런데 유례없이 큰 파도가 한 번 친 것을 마치 앞으로도 반복될 일인 듯, 이런 상황이 마치 정상인 듯 착각하면 안 된다.

　나는 과감하게 저 당시 만들어진 '자산가'들의 파도타기는 지우자고 이야기하겠다. 언제 다시 올지 모를 큰 파도만 기다리며 세월을 낭비하기보다는, 현재의 파도에 집중하고, 올 게 분명한 크기의 미래의 파도에 대비해야 한다. 파도가 크다고 누구나 그 파도를 탈 수 있는 게 아니다. 사람에 따라 작은 파도, 조금 더 큰 파도를 안전하게 타면서 차근차근 나아간다면 우리가 최소한으로 생각하는 '자산가'가 될 수 있다. 자산가가 되려면 '일시적'인 '특이한 상황'을 돌이켜보기보다는 '현재 시점'에서 자산가가 되는 방법을 모색하는 것이 중요하다. 향후 수십 년간 크게 다르지 않을 상황을 예상하면서 자기 자산을 불려가야 한다.

　그러기 위해 가장 주목해야 할 '현재'는 바로 '금리'다. 2010년대 후반 금리가 낮은 수준을 유지하고 있었지만, 코로나팬데믹으로 인한 양적완화를 시작으로 2020년 3월부터 2022년 3월까지 이어지던 제로금리 시대는 빠르게 막을 내렸다. 미국 연방준비제도는 2022년 3월부터 10회 연속, 15개월 연속 금리 인상을 이어갔다. 이 과정에서 0.25%~0.50% 수준에 불과했던 미국의 기준금리는 5.25%~5.50% 수준까지 치솟았고, 금리 인하 기대감도 줄어들고 있다. 미국의 고물가가 잡히지 않다보니 올해(2024년) 금리 인하가 최소 3번은 이뤄질 것으로 전망하던 시장 기대치도 낮아졌다. 4월 현재 미국은 연내 2회 혹은 1회, 어쩌면 금리 인하가 없을 수 있다는 전망까지 나오고 있다. 미국의 이와 같은 고금리 지속은 글로벌 고금리 시대가 당분간 지속될 것이며, 다시 제로금리 수준까지 가기가 어려울 것이라는 의미로 해석할 수 있다.

고금리 시대에는 대출을 통해 자산을 구입하여 차액을 노리는 방식의 자산 증식이 통하지 않는다. 금리가 높아지며 대출 금리도 높아진다. 특히 예금금리보다 대출금리는 가산이자가 붙어 더 높다 보니 대출을 하는데 부담이 생길 수 있다. 소위 영끌(영혼까지 끌어모은다) 갭투자를 통한 자산을 불리기가 현실적으로 어려운 시대가 왔다는 것이다. 고금리 시대에 이 부채를 갚기 위해 허리띠를 졸라매게 되고, 못 견딘 이들이 부동산을 내놓게 될 경우 자산 가격의 하락이 일어나 부채 부담과 함께 자산의 손실까지 얻을 수 있게 된다.

때문에 과거처럼 일시적이고 순간적인 기회에 편승하여 부동산 '한 방', 투자 '한 방'을 노리는 것이 아니라, 꾸준하게 원론적으로 투자하여 근로소득 이외의 것들을 만들어야 한다.

방법은 정해져 있다. 정공법으로 가야 한다. 서두에 이야기하였듯 "부동산 합격은 에듀윌"이라고 이야기하듯, 자본주의 시장에서 '자산가'라고 불린 사람들을 벤치마킹하며 나만의 것으로 만들어야 한다.

재산이 수조 원, 수천억 원씩 있는 사람들의 뻔한 소리가 아니라, 주변에서 찾아보고 우리도 충분히 해볼 수 있는 방법으로 자산가가 된 사람들, 소위 '신자산가'의 최소한의 습관과 가치관이라도 이해하고 나만의 것으로 승화시킬 수 있어야 한다.

돈을 벌려면 돈에 시간을 써라

'현재 시점'에 더하여 두 번째로 가져야 하는 관점이 바로 시간을 써야 한다는 관점이다. 사람에게는 누구나 24시간이 주어지는데, 지금까지 24시간을 배분해서 쓰던 방식을 그대로 고수하면서 자산가가 될 수는 없을 것이다.

특히 직장인들은 이 점을 명심해야 한다. 경제가 고도성장을 하고 근로소득이 높아지던 과거에는 급여가 자산을 늘리는 데에 역할을 크게 했지만, 경제성장률이 정체된 지금의 대한민국에서는 이러한 방법을 통해 자산을 늘리기에 한계가 있다.

성과급도 있고, 연봉도 높으면 자산 축적이 충분히 가능하리라 생각할 수도 있다. 그러나 매년 꾸준히 성과급을 많이 받고, 연봉도 계속 올라가는 데에는 분명 한계가 있다. 게다가 이렇게 근로소득을 받을 수 있는 사람이 몇 명 되지도 않는다. 또한 많이 버는 만큼 세율도 엄청나다. 이것이 바로 직장인 가운데 자산을 축적하는 사람이 적은 이유다.

그러나 직장을 포기할 수는 없다. 문제는 일을 하다 보면 자산 축적에 투여할 노력과 시간이 적어진다는 것이다. 기본적으로 자산을 만들기 위해서도 노력과 시간이 필요하다. 그러면 얼마만큼의 시간이 필요할까?

최소한 남들보다 2시간은 부지런하게 자산을 늘리기 위한 생산적인 활동에 투자해야 한다. 2시간이 뉘 집 개 이름이냐고 하겠지만, 남들보다 1시간 빠른 기상과 1시간 늦은 취침을 한다고 생각해보자. 그리고 이 시간이 누적된다면 경험과 결과의 곡선은 가파르게 나이키 로고처럼 치고 올라갈 것이다.

자산 형성의 궤도를 만들어라

세 번째로 가져야 하는 관점은 자산 축적에는 '선순환 구조'가 있다는 것이다. 시간을 들여 노력하여 자산이 어느 정도 모이게 되면, 자산 축적의 선순환 구조를 만들도록 노력해야 한다. 이것은 어떤 시대를 막론하고 많은 자산을 형성한 이들에게도 공통적인 습관이다.

돈이 돈을 번다고 하지 않는가. 1,000만 원을 투자해 100%의 수익이라면 2,000만 원의 총금액을 만들 수 있다. 하지만 10억 원을 투자해 100%의 수익이 난다면 20억 원이라는 총금액이 만들어질 수 있다. 같은 100%의 수익이지만, 결과물의 차이는 극과 극이다.

그렇기 때문에 자본주의 사회에서는 일정 성과에 따른 성취와 보상, 그리고 자본이 축적하여 일정 궤도에 오르면 다음은 오히려 수월하다는 말이 나오는 것이다. 각각의 행성이 자기만의 궤도를 가지고 도는 것처럼, 안정된 수익을 얻으려면 자신이 가진 자산이 돌아가는 궤도를 만들어야 한다. 묵혀두지 말고, 일확천금을 노리지 말고, 돈이 돈을 벌 수 있는 자기만의 반복되는 리듬을 만들어야 한다.

이 궤도가 결국 나를 경제적 자유로 이끌어줄 것이다. 이렇게 선순환 구조를 만들고 나면 자산 축적에 쓰이는 2시간의 가치 또한 더 높아진다. 신자산가가 되기 위해서는 이 3가지 관점을 가지고 있어야 한다.

CHAPTER 2

경제 눈치를 키워라

"잠자는 동안
돈 벌 수 있는 방법을 찾지 못하면
죽을 때까지 일을 하게 될 것입니다."

_워런 버핏(포브스 기준 현 세계 부자 6위)

이 책을 시작하면서 '정보'에 목매지 말라고 했다. 헛된 정보는 필요 없다. 하지만 눈치는 필요하다. "남의 마음을 그때그때 상황으로 미루어 알아내는 것." 바로 '눈치'의 사전적 의미다. 기억이 뇌의 기본적 하위 기능이라면, 눈치는 기억에 저장된 사실과 다른 여러 정보를 종합적으로 분석하여 판단하는 것으로, 인간의 고도화된 인지 기능이다.

'눈치'는 의사결정에서도 큰 역할을 맡는다. 내가 이것을 해도 되는지, 말아야 하는지를 빠르게 결정하고, 자신의 위치에 맞는 행동을 하도록 돕는다. 사업에 성공한 사람들 혹은 자산가들을 보면 의사결정 과정이 과감하고 빠르다. 훈련된 눈치가 결정적인 순간에 올바른 판단을 하도록 빠르게 이끄는 것이다.

투자에도 눈치가 필요하다

눈치를 키워야 하는 이유는, 진짜 좋은 정보는 그 모습을 슬쩍 만 드러내기 때문이다. 나의 20년 지기가 있다. 그 친구가 마이너스 계좌를 플러스로 극복한 과정은 이렇다. 그는 주식 시장에서 테 마주를 쫓아다니며 '한 방'을 외치다가 부동산으로 조금씩 벌어 둔 돈을 홀랑 까먹었다. 코로나팬데믹 당시 유동성이 대거 공급 되며 주식 시장에 활황이 찾아왔지만, 이 친구는 사고팔고를 반 복하며 대세 상승장에서 큰 수익을 내지 못했다. 심지어 아무도 찾지 않던 코로나 테마주에 뒤늦게 탑승하여 -60%의 수익률 을 기록하기도 했다.

왜 이 친구의 수익률은 이 지경이었을까. 이유는 단순하다. 주 변 사람들의 말만 듣고 큰 공부 없이 돈을 쉽게 벌고자 했기 때 문이다. 다행히 구제 불능의 팔랑귀는 아니며, 상당히 눈치가 빠 르다. 어느 날 이 친구가 나에게 전화를 걸어 본인의 계좌 사정을 이야기 한 일이 있었다. 사실 나는 그리 대단한 고급 정보가 있지 도 않고, 혹여 취재 과정에서 알게 된 정보가 있다 해도 문제가 생길 수 있기에 가족에게도 알리지 않는다. 그런 나에게 고민을 털어놓으며 대책을 찾아봐도 도움이 될 리 없었다.

대신 나는 내 유튜브 방송을 추천했다. 내 방송이 잘나서가 아니었다. 내 방송에는 종목을 사고파는 정보가 없다. 다만 시장의 흐름을 알기 쉽도록 설명해주며, 단순 전달보다는 객관적인 해설을 담아 뉴스 이면의 가치를 전달하는 장점이 있다. 그래서 친구에게 조금은 지루할 수 있겠지만 투기가 아닌 투자에 대한 패턴을 이제라도 한번 가져보는 게 어떻겠냐고 진심을 담아 권유했다.

나의 반강제적인 권유를 듣고 친구는 그날부터 방송을 보기 시작했다고 한다. 손실이 컸던 종목들을 정리한 뒤, 그 돈으로 향후 업황이 괜찮을 것으로 예상되는 업종 가운데 몇몇 종목으로 교체를 단행했다. 남은 돈 700만 원은 단기 자금으로 이용하며 적극적으로 운용했다고 한다. 그 결과 5개월도 채 되지 않아 700만 원은 5,000만 원이 되어 있었다고 한다.

깜짝 놀랐다. 내 방송을 듣고 수익이 났다는 분들의 이야기를 많이 접하지만, 가까운 친구가 이렇게 큰 수익을 낼 것이라고는 상상하지 못했다. 어떻게 가능했던 것일까.

내 아침 유튜브 방송은 종목에 대한 매수나 매도에 대한 정보는 일체 없다. 다만 업황의 개선세, 투자 기법, 업계에서 들리는 이야기와 패턴 분석 등을 자세히 다룬다. 그 안에서 구체적인 종목에 대한 언급은 피했지만, 매수해도 괜찮다는 신호를 두루뭉술하게 표현하는 것들이 있을 수 있다. 그러한 표현을 눈치껏 파악한 것이었다.

삼성전자가 로봇 관련 기업에 지분 투자를 하면서, 로봇 관련주가 크게 상승한 시기가 있었다. 그때 나는 해당 기사를 과거 사례에 빗대어 표현하며 로봇 관련주에 대한 긍정적 전망을 전했다. 당연히 어떤 종목을 사거나 팔라는 이야기는 없었다. 그런데 이 친구는 내가 언급한 로봇 관련주 정보를 긍정적인 시그널이라 눈치채고, 관련주를 검색하고 A종목을 10만 원 초반에 매수하여 단기간에 100% 이상의 수익을 달성했다.

이런 사례도 있었다. 사드 사태 이후 중국인의 대한민국 단체 관광이 허용되며 중국 관련주가 상승하기 시작한 적이 있었다. 이때 나는 방송에서 과거 패턴과 굉장히 다를 수 있기 때문에 선별적 접근이 필요하다고 했다. 중국인 관광객이 대한민국을 방문하여 실질적 이익을 창출해줄 수 있는 종목 위주로 접근하고,

기대감이 강하게 유입되었으니 기대감에 대한 상승이 꺾이면 일단 피하는 게 좋아 보인다고 전했다.

친구는 이 부분도 놓치지 않고 실제로 이득이 되는 기업들을 추린 뒤, 적당한 수익을 얻고 빠르게 빠지는 방식을 통해 수익을 극대화했다.

이런 게 바로 투자의 눈치라는 것인데, 대놓고 종목을 찍어주는 헛된 정보보다 정확하게 시장의 흐름을 알려주는 공부를 통해 본인 스스로 투자의 패턴을 찾은 것이다. 이렇게 700만 원은 5,000만 원으로 불었다. 결론적으로 이 친구는 중장기 투자를 위한 손절 후 종목 교체도 성공했고, 단기 자금도 크게 불리며 엄청난 손실을 모두 복구했다.

내 방송이 좋았다기보다 이 친구의 능력이 기인한 바가 크다고 할 수 있다. 700만 원으로 5,000만 원을 만들었고, 투기가 아닌 투자를 할 수 있게 됐으니 앞으로 더 큰 돈을 만들 것이라고 확신한다. 최근에는 어떤지 물어보니 자신 있게 본인 입으로 이제 안정적 투자를 이어갈 수 있다고 대답했다. 눈치껏 알아듣고 공부해 투자했고, 그렇게 성공 패턴을 만든 것이다.

편식하는 투자 공부는 편견을 만들 뿐

앞의 사례에서도 봤듯이 남의 말, 어떤 정보에 혹하는 것과 눈치는 완전히 다르다. 눈치가 빠르려면 어떻게 해야 할까. 내가 하는 방송만 볼 것을 추천하지는 않는다. 아마 나보다 더 좋은 채널들도 있을 것이다. 자신에게 맞는 투자 공부를 찾아내야 할 텐데, 유튜브 채널 등에서는 하나의 사안에 대한 긍정과 부정의 입장을 반드시 동일한 비율로 보기를 추천한다.

A라는 산업에 긍정적인 코멘트를 하는 채널이 있다면, 반대로 부정적 입장을 피력하는 채널도 있다. 좋고 객관적인 분석을 하려는 채널들도 많지만, 조금씩은 금전적, 정치적, 인간적 이해관계가 영향을 미칠 수 있다. 그렇기에 특정 산업에 대한 의견이 극명하게 다른 채널들이 있다면 반드시 균형감 있게 동일 비율로 살펴보자. 해당 산업에 유불리를 따질 수 있게 되고, 보는 눈이 높아질 수 있다.

눈치가 빠르려면 공부해야 한다. 재테크, 투자 관련 도서나 방송에서 항상 하는 말이다. 그런데 공부를 '잘' 해야 한다. 요령 있게 해야 한다. 1등 하는 친구의 노트를 잘 베껴야지, 무턱대고 이것저것 다 읽는다고 되는 게 아니다. 내 친구가 아침마다 내 방송을 듣고 스스로 투자를 해보았듯이, 4가지 정도를 꾸준히 해보면 눈치 9단이 될 수 있다.

첫째, 직접 투자를 해보라. 주식 투자를 하기 전과 후의 눈높이는 많이 바뀐다. 자기 돈이 들어가고 안 들어가고는 천지 차이이기 때문이다. 그리고 반드시 성공 경험을 얻어야 하고, 그 방법이 맞는지를 다른 곳에서도 동일한 방법으로 시도해서 검증해봐야 한다.

둘째, 자기만의 노트를 만들자. 투자도 패턴이다. 가령 주식 시장에도 매년 발생하는 이벤트가 존재한다. 같은 시기에 황사가 오고 같은 기간에 더워지며, 같은 기간에 배당을 주고, 같은 기간에 중국에서 이벤트가 열리며, 미국에서도 소비 시즌이 시작된다. 이러한 것들은 알고 있다고 생각하지만, 많은 경우 지난 후에야 생각이 난다.

이와 같은 정례적인 이벤트 외에 불시에 일어나는 상황들도 있다. 그런 것들도 기록을 해둬야 기억이 난다. 지진 등의 참사는 일어나지 않는 것이 좋겠지만, 대만의 지진 발생 등은 과거에도 있었던 상황으로 노트에 '지진 발생 시 피해 종목, 수혜 종목' 등으로 정리해 두었다면 바로 대응할 수 있다.

셋째, 귀찮더라도 재무제표 보는 습관을 갖는다. 투자한 뒤 주가가 하락하면 불안해진다. 그 불안함은 좋은 투자 습관을 만들지 못한다. 재무제표가 튼실한 기업이면 주가가 하락해도 덜 불안하다. 그러니 투자하기 전 재무제표 등을 확인해 어느 정도로 운영되고 있는 기업인지를 확인하는 것이 중요하다. 확인하지 못하고 투자를 단행했더라도 빠른 시기 안에 재무제표를 파악해 향후 발생할 수 있는 위험 요소에 대응하는 것이 좋다.

넷째, 많은 이들이 경제 신문을 읽으라고 하는데, 꼼꼼히 읽기 쉽지 않다는 분들이 상당하다. 사실 경제 기사를 읽는 것은 어렵지 않다. 기사 단 하나를 읽었다고 거기에 혹해 투자해서는 안 된다. 내가 권하는 방법은 하루 3번 정도 경제 신문의 헤드라인이라도 읽는 것이다. 어렵지 않고 시간도 많이 걸리지 않는다. 네이버 등 각종 포털의 경제면만 봐도 시계열로 확인할 수 있다. 증시쪽만 보는 경우에는 네이버 증시의 실시간 속보를 확인하면 시시각각 올라오는 기사를 통해 현상을 파악할 수 있다.

새로운 산업에 대한 예습이
투자 눈치를 키운다

눈치가 없는 이들이 하는 주식 투자가 바로 테마주다. 자신 있는 사람이 테마주를 한다고 하면 말리지는 않는다. 그러나 테마주로 돈을 벌면 그만큼 테마주로 다시 손실을 보는 경우가 대다수이기 때문에, 인간의 욕망이라는 관점에서 수익을 유지하기가 어렵다. 그렇기에 테마주 투자는 재미로도 하지 말자는 입장이다.

산업 트렌드를 예측하는 것은 테마주와 완전히 다른 일이다. 전통적인 산업의 트렌드 변화를 잘 봐야겠지만, AI를 통한 산업의 변화는 앞으로 신자산가가 되려는 이들이 꼭 주목해야 할 부분이다. AI가 만들어갈 생태계 변화에 주목한다면 자산을 축적할 기회는 무궁무진하다.

이 중에서 특히 AI 확대에 따른 전력 수요 증대는 예정된 미래다. 이미 원격 근무, 스트리밍 서비스, 온라인 쇼핑 등의 확산으로 데이터센터 수요가 폭발적으로 늘어나고 있는 가운데, AI 열풍으로 인한 데이터센터 건립은 더욱 가속화되고 있다.

미국 정부의 '리쇼어링(해외 진출 기업의 국내 복귀) 정책'에 따른 제조업 공장의 설립 증가도 전력 수요 증가를 가속하는 주된 요인으로 꼽힌다. 전기차 보급 확대에 따라 석유·가스 보일러가 전기를 사용하는 히트펌프 보일러로 대체되는 것 또한 전력 수요 증가 속도를 높이는 요인이 된다. 여기서 눈치가 빠른 분들은 알아챘을 것이다. 지금 내가 AI를 통한 산업의 변화에서 에너지 산업에 대한 이야기를 하고 있다는 것을.

이야기가 나온 김에 에너지 산업에 대한 예측을 한번 해보자. 우선 데이터센터와 같은 인프라 구축의 측면을 살펴볼 수 있다. 미국은 닷컴버블 이후 20년간 통신 장비 투자가 부재했던 상황이다. 최근 리쇼어링에 해당하는 기업들이 텍사스주 위주로 모이며 대규모 인프라 투자가 늘고 있다. 인프라는 교체 시점을 예상해야 한다. 전선 변압기 등의 수명을 35년 전후로 보는데, 과거 닷컴버블 이후 신규 설치가 거의 없었다. 그때부터 계산해보면 25년 정도가 지났다. 이제 노후화 장비를 교체할 시점이 다가오고 있다. 즉, 신규 수요도 늘어나는데 과거의 것을 바꿔야 하는데까지 10년 안팎밖에 남지 않았다는 것이다.

이것만 살펴봐서는 안 될 것이다. 다음으로 전력 수요 측면을 살펴보자. 글로벌 전력 수요는 매년 3.4%씩 늘고 있다. 2030년 기준 전력망 투자 규모는 700조 원을 넘어설 것으로 예측된다. 이는 텍사스 등 특정 지역에 건설되는 공장의 전력 수요뿐만 아니라, 현재 사용되고 있고 향후 사용될 전자기기들의 전력 소모가 상당히 크다는 뜻이다. 당연히 전기차, AI 등은 상당한 전력 사용을 필요로 한다. 이에 따라 고용량 전선이 더 필요해진다. 이것들은 단가가 상당히 높다. 변압기 분야에서 우리나라 기업들이 빛을 보기 시작하면서 최근 관련 주가가 상승하고 있다.

마지막으로 기후 위기 대응 측면에서 에너지 산업을 살펴봐야 한다. 2050년까지 탄소제로를 달성해야 하는 국가적 과제가 있다. 탄소 배출은 줄이면서 늘어나는 전력 수요를 맞출 수 있는 것들이 필요하다. 당연히 원전, 재생에너지 등을 주목해야 하는 것이다. 친환경 및 재생에너지 발전이 확대되면서 이를 저장할 수 있는 ESS(Electric Storage System, 에너지 저장 장치) 수요가 증가하고 있다. 배터리 관련주에 대한 희비가 있지만, 국내 최대 규모로 개최되는 이차전지산업 전문 전시회인 '인터배터리 2024'에서 국내 배터리 3사(LG에너지솔루션, 삼성SDI, SK온)는 모든 측면에서 앞선 기술을 뽐낸 바 있다.

　에너지 분야 이야기를 하다 보니 자연스럽게 해외 주식 시장에 대한 이야기가 나왔다. 신자산가의 시대에는 해외 주식 투자가 필수가 될 것이다. 접근 자체가 어렵지 않기 때문에 관심을 가져야 한다. 특히 박스권에 항상 빠져 있는 국내 주식을 보다가 해외 주식을 경험하면 '내가 왜 이것을 이제야 했는가'라는 한숨이 절로 나온다는 이들이 많다. 미국 주식의 경우 상승과 하락의 인과관계가 굉장히 강하고, 납득할 수 있는 범위 내에서 움직인다는 것도 투자자들이 선호하는 부분 중 하나다.

　하지만 미국 주식 역시 호재만을 좇거나 일부 기업에 뒤늦게 '몰빵' 투자하는 방식을 취하면 손실이 난다. 이 경우 해외 주식 개별 종목에 투자할 수도 있지만, 매년 성장세를 이어가고 있는 S&P500 지수에 적립식으로 투자하는 것을 투자 포트폴리오에 추가하는 방법도 있다.
　실제 자산운용사 대표들이나 투자를 오래 한 사람들 대다수가 S&P500 지수가 내려갈 때마다 매달 적립식으로 매수하여 상당한 누적 수익률을 챙기고 있는 것을 확인할 수 있다. 자본 시장에 대한 기본 방향을 이렇게 알려줘도 누군가는 잘못된 방법으로 투자하고, 누군가는 시도조차 하지 않는다. 계속해서 듣는 귀를 열고, 자기만의 눈치를 키우는 습관을 가지자.

CHAPTER 3

새벽같이
실행하라

"추구할 수 있는 용기가 있다면
우리의 꿈은 모두 이뤄질 수 있다."

_월트 디즈니(월트 디즈니 컴퍼니 창업자)

투자 눈치가 있어도 바로 실행하지 않으면 소용이 없다. 실행력을 높이려면 절대적인 조건이 하나 있는데, 바로 '준비'하고 있어야 한다는 것이다. 기회는 새벽의 도둑처럼 오는데, 눈을 뜨고 준비하고 있던 이들만이 그 기회를 낚아챈다.

오랜 기간 우리는 저금리와 저물가에 익숙해 있었다. 2008년 글로벌 금융 위기를 시작으로 각국의 중앙은행이 무제한에 가까운 양적완화를 시작했고, 풀린 돈을 거둬들일 무렵 각종 위기가 도래했다. 2011년 유럽 재정 위기, 2020년 팬데믹이 대표적이다. 저금리는 주식과 부동산 등의 자산 가치를 끌어올렸다. 가처분소득이 늘어난 소비자들도 지갑을 열었다. 국채이자 부담이 줄어든 주요국 정부도 아낌없이 재정을 퍼부었다.

만약 이런 상황이 지금 다시 온다면 당신은 어떻게 하겠는가. 준비되어 있지 않은 사람이라면 상승하는 자산을 보며 '거품'이고 너무 많이 올라 곧 하락할 것이라며 '더 좋은 기회'만을 기다릴 것이다. 물론 거품일 때 들어가서 빠져나오지 못해 큰 손해를 보는 사람도 많다. 그러나 가만히 살펴보면 들어가야 할 때 들어가지 못해서 자산 축적의 기회를 놓치는 이들이 더 많다.

무슨 이유로 이런 일이 벌어지는가. 우선 이렇게 오른 자산 가격이 너무 비싸다고 생각하는 데에서 오류가 발생한다. 너무 비싸다는 기준이 객관적이지 못한 것이다. 비싸다는 게 본인들'만'의 기준이었던 것이다. 더 오를 것인지 아닌지를 판단하는 능력은 어디서 오는가. 바로 '준비'에서 온다.

'그때 살 걸'이라는 말을 하지 않으려면

준비되어 있지 않았기 때문에 기회가 왔는지 인지하지 못했고, '올랐다'는 게 어느 정도인지 판단하기 어렵다. 성공한 자산가들이 생각하는 많이 올랐다는 기준은 다르다. 투자에 망설이거나, 투자에 실패하는 사람들은 3억 원 하던 집값이 6억 원으로 상승하면 '너무 올랐네, 2배 올랐으니 무조건 떨어질 거야'라며 믿고 기다린다.

반면 자산가들은 왜 3억에서 6억 원으로 올랐는지를 빠르고 면밀하게 파악한다. 그리고 바로 10억이 될 수 있는지, 12억 원이 될 수 있을지를 판단하기 위해 분석하고 움직인다. 이들은 과거 가격보다 현재 상황에서 가치를 계산하고 움직인다. 큰 이득까지는 아니어도, 분명하지만 적정한 이득을 볼 수 있도록 움직이는 게 가능한지를 판단한다.

가격이 떨어졌을 때에도 마찬가지다. 20억 원 하던 아파트가 16억 원까지 하락하면, 하락을 기다리던 사람들은 더 떨어질 것이라고 환호하며 기다린다. 사실 저점은 누구도 알 수 없다. 성공한 자산가들은 16억 원에서 더 떨어질 수도 있겠지만, 그 아파트가 자신에게 꼭 필요한 자산이고 적정하다 생각하면 실행한다.

크게 보면 성공한 자산가들은 조금 손해를 보더라도 실행하고, 조금 덜 이득 보더라도 실행한다. 그렇게 총이익을 플러스(+)로 만들며 자산을 증식해간다. 반면 대다수는 '그때 샀어야 해' '그때 살 걸'이라는 이른바 '껄무새'가 되곤 한다.

성공한 자산가들이 이렇게 실행할 수 있는 것은 정상적 시기의 투자와 정상적 시기가 아닌 상황에서의 투자를 구분할 수 있기 때문이다. 유동성이 풍부해 위험 자산에 과감하게 투자해도 되는 시기인지, 유동성이 줄어들어 위험 자산과 안전 자산의 포트폴리오를 분산해야 하는 시기인지를 알 수 있다. 어떻게? 자산 형성과 관련하여 꾸준히 투여한 시간이 쌓여 있고, 이에 따라 판단하고 결행할 수 있는 스스로에 대한 확신이 있기에 가능하다.

저금리 시대에 성공한 자산가들은 낮은 이자를 활용하여 레버리지(자신이 가진 실제 자본에 비해 큰 이익을 올리는 효과. 이익을 볼 게 분명할 때 돈을 빌려서라도 수익을 극대화할 수 있도록 자본을 투여하는 것을 말한다) 효과를 적극 이용해 주식과 부동산 등 현금이 아닌 것에 투자했다. 그리하여 물가의 오름폭보다 높은 수준의 자산을 형성했다. 반대로 금리가 오르는 시대가 되고 자산 가격이 낮아지는 시기에는 도리어 고금리를 적극 이용하기 위해 채권, 달러, 금에 투자하며 자금을 분산한다.

그리고 변화하는 상황을 지속적으로 관찰하면서 가격이 충분히 낮아진 위험 자산을 잘 지켜본 뒤, 남들이 위기라고 할 때 조금씩 모으기 시작하여 다시 경기 순환 주기의 상승 국면에서 큰 이익을 얻는다.

지난 몇 년의 시기를 복기해봐도 그렇다. 코로나팬데믹이 한창이던 2020년 2월과 3월, 주식과 부동산 가격이 떨어졌다. 특히 주식이 폭락했다. 비슷한 시기에 어떻게 정부가 움직이는지를 알고 있는 이들은 위기 극복을 위해 정부가 금리를 낮추어 유동성을 키울 것이라고 예상했다. 그들은 당시 들썩거리는 테마주나 기타 자산에 대한 투자를 고민하기보다, 새롭게 찾아올 유동성 공급 시기를 노렸다.

실제로 리먼 브라더스 쇼크가 한창이던 지난 2008년 이후, 무너진 경제를 살리기 위한 대규모 유동성 공급이 단행된 바 있다. 그 결과 무너졌던 주식 시장은 빠르게 제자리를 찾았다. 이를 기억하는 이들은 코로나팬데믹 또한 유사하며, 특히 전염병으로 인한 경제 위기이기 때문에 회복력이 더욱 빠를 거라 판단했던 것이다.

그들은 -10%, -20% 손실이 복구되는 것을 기다리기보다 손실이 -50%까지 갈 수 있는 상황 속에서 빠른 손절과 재매수를 통해 자산 증식을 노렸다. 부동산 역시 유동성 공급과 금리 인하가 단행되면, 가격이 상승할 것을 예측하고 레버리지를 이용해 매입하기 시작했다. 이미 자산이 형성되어 있고 경제 흐름에 대한 데이터가 준비되어 있었기에 즉시 실행할 수 있었다. 때문에 그 흐름을 예측하면서 투자를 단행했고 남들보다 큰 수익을 올릴 수 있었다.

고물가 고금리 시대에 자산가가 되려면

과거를 기억하고 현재에 실행하라. 이것이 자산가들이 갖춰야 할 덕목이라면, 앞으로는 어떻게 해야 할까. 저금리 시대는 2022년 초 급작스레 막을 내렸다. 어마어마하게 풀어놓은 유동성 후폭풍에 러시아·우크라이나 전쟁이 겹치자 물가가 폭등했다. 치솟는 물가를 잡기 위해 각국의 금리 인상 행렬이 이어졌다. 미국 연방준비제도는 빅스텝(0.50%p 기준금리 인상)과 자이언트스텝(0.75%p 기준금리 인상)을 수차례 이어갔고, 불과 1년여 만에 제로금리에서 연 5%대까지 금리는 상승했다. 같은 기간 대한민국 역시 기준금리를 연 0.5%에서 3.5%까지 인상했다. 천정부지로 치솟는 물가를 잡기 위한 가장 기본적이면서도 효과적인 방법 중 하나가 금리 인상이기 때문이다.

치솟는 물가는 서민들의 삶을 피폐하게 한다. 물가가 상승하면 가계 지출에서 가장 기본적으로 영위해야 하는 의식주 가격 또한 상승한다. 초기에는 물가 인상의 무서움을 잘 느끼지 못한다. 자고 일어나면 물가가 오르고 있지만, 내 자산 가격도 오르고 있고, 월급도 조금씩 오르고 있기 때문에 크게 체감하지 못한다.

하지만 오른 물가가 내려오지 않는데 내 자산 가격이 하락하고 월급 인상이 둔화되는 등 악조건이 더해지면 가계경제에 치명적인 어려움이 오기 시작한다. 1만 원짜리 한 장을 들고 마트에 가도 살 수 있는 게 몇 가지 되지 않는다. 우유는 3,000원대로 올랐고, 콜라도 1.5L에 3,000원이 넘는다. 초코파이 가격에서는 정을 느낄 수 없다. 4캔에 1만 원하던 맥주도 3캔에 1만 원이 됐다. 음식점에 가면 원재료 상승에 한 끼에 1만 원 이하인 식사를 찾기가 힘들다. 6,000원이면 맛있게 먹던 순댓국도 9,000원에서 1만 원은 지불해야 먹는다. 여기에 택시비 등 교통비도 오르고, 옷값도 오르는 등 안 오르는 품목을 찾기가 거의 불가능할 지경이다.

한 가지 찾자면 오르지 않는 내 월급을 들 수 있겠지만, 실제 인건비도 매년 오르고 있다. 인건비가 오르면 임금 상승발 인플레이션이 또다시 진행된다. 조금 더 번 사람들이 번 만큼 지출하고, 그것이 수요를 끌어올리며 가격 인상 요인으로 작용한다. 이렇게 인건비가 오르고 원재료가 상승하면서 주택 등의 건설 비용도 증가한다. 증가한 건설 비용은 신규 주택의 분양 가격을 올린다.

물가를 잡기 위해 금리가 인상되지만, 금리가 오르면 오르는 대로 힘들다. 우선 저금리 시대에 대출을 통한 자산 투자 방식을 크게 이용한 사람들은 굉장히 어려워질 수밖에 없다. 2억 원을 3% 대출금리로 이용하던 사람이 2배가 오른 6% 이자를 감당해야 한다. 월급은 2배로 오르지 않았지만, 이자 비용이 2배로 늘어났기 때문에 어디에선가 이것들을 줄여야 한다. 아이의 학원비를 줄일 수는 없는 노릇이다. 먹는 것을 최소화하며 불필요한 외식은 줄이고 옷은 다음에 사기로 한다. 택시보다는 심야 버스를 이용한다. 곳곳에서 소비 침체가 펼쳐질 수밖에 없는 과정이다.

정말 무서운 점은 조금만 싼 것이 있으면 그곳으로 수요가 몰려 그마저도 가격을 올리고 평준화시켜 버린다는 것이다. 얼마 전 귤 가격이 올랐다. 사과, 배, 딸기 등의 가격이 비싸 상대적으로 가격이 저렴한 귤에 대한 수요가 늘어나며 귤 가격이 급등한 것이다.

한번 오른 물가는 쉽게 내리지 않는다. 현재 2년간 진행된 급격한 금리 인상을 통한 유동성 축소는 물가 상승을 둔화시켰지만, 평범한 사람들의 어려움은 훨씬 커질 수밖에 없는 구조다. 대한민국은 그나마 나은 편이라고들 한다. 미국은 3평짜리 방의 월세가 160만 원을 넘어서기도 한다. 책상 하나를 두고 성인 남성이 누울 자리도 비좁을 정도의 방이 160만 원을 넘어서다니, 전 세계적 인플레이션이 상당하다.

기준금리 연 3.5%나 5%는 절대적 수치 자체만으로 보면 굉장히 높다고 할 수 없지만, 10년 이상 장기간 저금리 시대를 지내오던 경제에 주는 부담은 실로 엄청나다. 기준금리가 단기간에 수백 %씩 오르자, 각국의 주식 시장과 부동산 시장이 침체를 겪기 시작했다. 코로나팬데믹 당시 3,300선도 돌파했던 코스피는 2,200선이 무너지기도 했다. 공포지수(VIX지수)는 치솟고 증권 시장은 순식간에 얼어붙었다. 한때 24억 원을 호가하던 송파구의 전용면적 84m² 신축 아파트는 고점 대비 8억 원 가까이 하락하는 모습을 보이기도 했다.

그러면 이때는 어떻게 해야 하는가. 마찬가지다. 누군가는 이

보다 경기가 안 좋아지고 자산 가격이 폭락해 더 좋은 기회가 올 테니 조금 더 기다리자고 한다. 문제는 그 폭락이 어디까지인지는 잘 모른다는 것이다. 확신 없는 기대에 사로잡혀 있다가 결국 아무것도 이루지 못하고 '그때 살 걸'이라는 이른바 '껄무새'가 또다시 되어버릴 수 있다.

자산가가 되기 위해 꼭 투자를 해야 하는 것일까? 도리어 '절약해서 돈을 모으는 게 더 낫지 않을까?'라고 질문하는 이들이 있다. 지금은 고금리, 고물가 시대이다. 이런 상황에서는 맞벌이라 할지라도 실질소득이 외벌이 수준에 머물게 된다. 물가는 5% 올랐는데, 월급은 3%만 오르면 돈을 벌어도 번 게 아니다. 여기서 매달 내는 대출이자의 금리가 3%에서 6%로 올라가면 고정 지출은 2배 늘어나게 된다.

예를 들어 부부 합산 700만 원의 소득에서 3%가 인상되어 이듬해 721만 원으로 총금액이 증가한다 하더라도, 이들이 실질적으로 감내해야 하는 물가의 체감은 21만 원 증가보다 훨씬 크게 다가온다. 여기에 월 대출이자가 100만 원이었는데 250만 원으로 뛰면 150만 원이라는 쓸 돈이 사라지는 것이다. 이뿐인가. 각종 공과금이 오르고, 세금이 오르고, 아이들 학원비가 오르

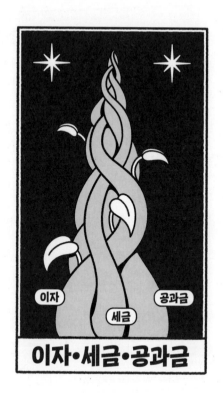

이자·세금·공과금

고물가와 고금리는 이자, 세금, 공과금의 동반 상승을 부른다.
실질소득이 줄어들고 자산 가치가 하락하는 시대를 대비하라.

는 등의 연쇄적 상승에 숨 쉴 틈이 없어진다.

최근 이러한 실질소득 감소가 전방위적으로 펼쳐지고 있다.

일을 하는데도 돈이 모이지 않고, 1만 원짜리 한 장을 가지고 살 수 있는 것들이 사라지고 있다. 이런 상황을 타개하기 위해 하나 둘 줄여본다. 통신 요금을 저렴한 것으로 바꾸고, 난방 시간을 줄이고, 유류비 등을 줄이고, 식품류를 최대한 저렴하게 사고, 불필요한 것들은 '당근 거래'로 팔아 현금을 남기고, 냉장고 파먹기도 하는 등 갖은 노력을 한다. 하지만 줄이는 데에는 한계가 있다. 일정 구간이 넘어가게 되면 더 이상 줄이지 못한다. 이렇기 때문에 실질소득이 줄어드는 시대에는 더더욱 나만의 무언가를 위해 투자해야 하는 것이다.

더 자주 타석에 들어서라

반면 성공한 자산가들은 이번에도 이런 상황에서는 어떻게 해야 하는지에 대한 최선의 방법을 찾아내기 위해 바로 고민하고, 준비하고, 실행한다.

  그런데 이 말을 단지 여러 종목에 나눠서 기계적으로 투자하라는 말로만 받아들이기 십상이다. 사실 이 격언은 상황에 맞게 다양하게 위험을 분산하여 운용하는 투자 습관을 가지라는 말이다. 때로는 선택과 집중을 할 수도 있지만, 대체적으로 위험은 분산하여 손실을 줄이는 투자를 해야 꾸준한 수익을 낼 수 있다. 그렇기 때문에 분할 매수 등 리스크 분산이 가능하려면 일찍부터 준비하여 경험하고, 이득을 보는 시의적절한 투자를 할 수 있어야 한다.

예컨대 성공한 자산가들은 주식 시장이 폭락하는 경우 어디까지 내려갈지 정확히 알 수는 없지만, 우선 본인들의 투입 가용 자산을 정확히 파악한다. 그리고 최악의 하락 구간까지 가정하여 투자금을 나눈 뒤, 일정 기준에 따라 분할하여 매수하는 기법을 사용한다. 이를 구체적으로 살펴보자.

코스피 3,300선에서 하락하기 시작한 증시가 2,700선까지 왔다고 가정해보자. 지수 하락이 상당히 진행된 상황이라 저마다 판단은 다를 수 있다. 예를 들어 3가지 종류의 판단이 있다.

A: 3,300에서 2,700까지 왔는데 3,000까지는 다시 오를 것이라는 막연한 가정에 1,500만 원 현금 전액을 투자한다. 이 경우 오르면 좋지만 하락 추세가 진행된 경우 낙폭이 깊어지는 확률을 무시할 수 없기 때문에, 성공을 장담할 수 없다.

최고 3,316.00(-25.43%)

최저 2,134.77(-15.83%)

거래량 3,517.590

B: 3,300선에서 2,700선까지 왔는데, 이건 분명히 대세 하락기라고 판단한다. 최악의 경우는 2,000선까지 내려갈 수 있다고 가정한 뒤, 100p가 내려갈 때마다 투자 원금 1,500만 원을 200만 원씩 나눠서 투자하기로 한다. 만일 2,000p에 정말 오게 된다면 나머지 100만 원의 현금을 투입하기로 한다.

C: 3,300선에서 2,700선까지 왔는데 더 폭락할 수 있다고 생각

한다. 이것은 경기침체이며 증시의 버블이 꺼지는 과정이고, 그렇기 때문에 코로나 시국 당시처럼 급락이 나오며 2,000선이 깨질 수 있다고 생각한다. 동시에 2,000선이 깨지면 시원하게 '몰빵'을 쳐서 부자가 되어보겠다고 생각한다. 실제 지수는 2,000선을 깨지 못했지만 2,130선까지 간 뒤 반등했고, 상승 추세를 이어가며 한때 2,700선 부근까지 올라간 뒤 2,500선 부근에서 움직이고 있다.

여러분 같으면 어떤 경우를 선택했겠는가. A는 안타깝게도 장담할 수 없던 성공을 바라다 탈출만을 바라보고 있다. B는 현금 300만 원과 1,200만 원을 2,400선 부근의 평단가에 맞춰놓았다. C는 급락은 맞췄지만, 본인이 원하던 2,000선이 막연히 깨지기만을 바라보다가 투자 한 번 해보지 못하고 마무리되었다. 돈을 번 사람은 누구인가. B 1명뿐이다.

이 경우는 2021년 6월~2023년 6월까지의 대한민국 코스피 지수 흐름을 토대로 계산한 것이다. 코스피 지수가 아니라 종목별 움직임에 대입하여 사례를 만들 수도 있다. 그리고 당연하게도 액수가 커질수록 B가 낸 수익과 A의 손실금, C의 상실감은 상대적으로 더 커질 것이다.

코스피 지수로 예를 들어보았는데, 조금 더 구체적으로 종목별 투자를 예로 들어보자. 대한민국 시가총액 1위이며 대한민국 대표 기업인 삼성전자를 예로 들어보자.

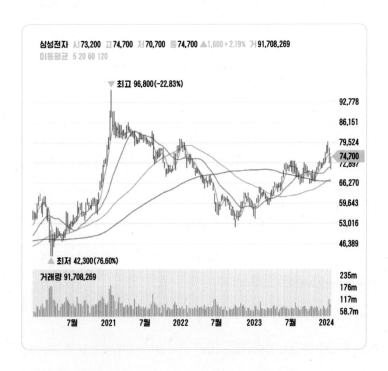

2021년 1월 15일 9만 6,800원을 기록했던 삼성전자는 '10만 전자'의 기대감이 컸다. 그래서 당시 10만 원을 바라보고 '묻

지 마' 매수를 한 사람들이 꽤 많았다. 주변에도 9만 원대, 혹은 8만 원대에 상당한 자금을 투입해 매수한 뒤 10만 전자가 되기만을 학수고대한 사람들이 있었다. 하지만 현실은 굉장히 달랐다. 9만 6,800원을 기록한 1월 15일 이후 주가는 중간중간 반등하긴 했지만, 지속적으로 하락했다.

이 경우에도 저마다의 사정은 달라질 수 있다. A는 9만 원 위에서 10만 원을 바라보고 자금의 80%를 투입했다. '지속되는 성장세인데 8만 원이 설마 깨지겠어?' 하는 생각으로 8만 원 초반대에서 움직이던 2월 초에 추가 자금을 모두 투입한다. 이때 평단가는 8만 원 후반대다. 삼성전자라는 상징성과 망하지 않을 것이라는 기대감에 3년여를 묵혀놨는데, 최근 주가가 반등해도 여전히 손실은 주당 1만 원 이상 발생했다. 그나마 위안이 되는 건 분기별로 지급해주는 배당이다. A는 생각한다. "그래, 적금 넣어놓은 셈 치고 이자나 받으며 살자."

B는 9만 원을 돌파할 때 보초병을 보내보기로 한다. 자금의 10%만을 투입해 2021년 초에 매수하고, 8만 원대에서 횡보할 때 A가 매수한 비슷한 지점에서 10% 더 매수해본다.

아직 삼성전자에 매수하기로 마음먹은 자금의 80%가 남아 있기 때문에 상대적으로 여유가 있던 B는 주가 흐름이 원활하지 않다는 것을 감지한 뒤, 7만 5,000원에서 10%, 7만 원에서 10%, 6만 5,000원에서 10%, 6만 원에서 10%, 5만 5,000원에서 10%, 5만 원에서 10%를 투입하기로 마음먹는다. 나머지 20%는 코로나 이전 가격으로 돌아갈 때 최종 투입하기로 했다.

B는 현재 '삼성전자'라는 비교적 안정적이라고 보이는 종목에 본인이 투입하기로 했던 자금의 80%를 집행했다. 삼성전자의 2021년 1월부터 현재까지 최저가는 평단가는 2022년 9월 5만 1,800원으로 5만 원까지는 오지 않았기 때문이다.

B의 평단가를 계산해보면 7만 700원이다. 2024년 1월 21일 기준 삼성전자의 가격은 7만 4,000원 위에서 움직이고 있고 최근 반도체 업황 반등과 미국 엔비디아에 HBM(고대역폭 메모리) 납품 기대감 등에 가파른 상승세를 보이며 8만 6,000원까지 오르기도 했다. 이후 주가는 조정을 받았지만 7만 원 후반대에서 움직임을 보이고 있다. B는 주당 4,000원 이상의 평가 수익과 함께 분기 배당을 12번 받으며 엄청난 수익은 아니지만, 꾸준한 수익을 가져갈 수 있었다.

C는 9만 원대가 거품이라고 생각했다. 그리고 이것들이 모두 하락하기 시작하면 코로나팬데믹 당시 전저점인 4만 원 초반까지 갈 수 있다고 생각했다. 그리고 5만 원이 깨지면 가진 자금의 전액을 투입해 삼성전자로 안정적인 주식 투자 생활을 할 것이라고 다짐했다.

오랫동안 기다리며 삼성전자가 하락하는 것을 즐겼지만, 삼성전자는 5만 원을 터치하지 못했고, C는 삼성전자 주식을 매수할 수 없었다. 특히 5만 원 초반대에서 반등하기 시작한 2023년에는 다시 내려갈 것이라는 확신에 조금씩 오르는 삼성전자 주식을 보며 지금이라도 살까 말까를 고민했다. 하지만 5만 원 초반까지 밀렸던 삼성전자를 경험했던 C는 저점 대비 올라온 주식을 보고 비싸다 느끼며 매수하지 못했고, 결국 쓰린 속을 달랠 수밖에 없었다.

결론적으로 A, B, C 중 B만이 수익과 배당수익 두 마리 토끼를 얻었다. 혹자는 이 투자 방법이 너무 복잡하고 큰 재미가 없다고 느낄 수 있다. 하지만 수익은 언제나 옳다. 수익은 항상 얻어가야 한다. 실현하지 않은 수익은 수익이 아니며, 은행 이자와 인플레이션에 대비하여 성과가 좋다면 성공한 투자다.

현재 전 세계는 장기간 이어진 저금리와 낮은 물가에서 고금리와 높은 물가로 단기간에 변화하며 자산 가격의 급변동을 맞이하고 있다. 최근 미국의 물가 상승세가 둔화되며 금리 상승은 멈추겠지만, 높은 고금리 시대는 제법 오랜 기간 이어질 것이라는 예측이 지배적이다.

지금도 조금 더 몸을 웅크리며 기다리고 다가올 기회를 잡겠다며 아무것도 하지 않고 넋 놓고 기다리는 사람들이 있을 것이다. 그러나 기다리기만 하면 작든 크든 일어나는 수많은 기회를 놓치게 되는 셈이다. 고금리가 이어지거나 말거나 상관없이 상황에 맞는 기회를 찾기 위해 노력하고 실행하여 자산을 늘리겠다고 생각해야 한다. 그리고 그 생각을 바로 실행에 옮기는 사람들이 결국 무언가를 얻게 될 확률이 높다.

특히 저성장, 저출산, 고령화가 본격화된 대한민국에서 새로운 자산가가 되려면 인생의 역전 홈런 한 방을 노리고 길게 웅크리는 방식으로는 안 된다. 크든 작든 분명한 기회라 생각하면 바로 실행에 옮기고, 타석에 자주 올라 베이스를 밟으며 하나씩 만들어가야 한다.

CHAPTER 4

자기 업에서
전문가가 돼라

"훌륭한 일을 하는 유일한 방법은
자신이 하는 일을 사랑하는 것입니다."

_스티브 잡스(애플 창업자)

자산을 모으기 위해서는 노동소득만으로 되지 않지만, 직업을 가졌다면 그 직업에서 일단 승부를 봐야 한다. 왜 그래야 하는지는 한 분야에서 엄청나게 성공한 이들을 보면 알 수 있다.

배우, 아이돌, 예능 프로그램에 출연하는 유명인들을 보면서 우리는 부러워한다. 이런 유명인들의 수입은 월급쟁이와 비교할 수 없을 정도로 상당하고, 그것으로 자산 축적을 위한 종잣돈을 만들어 다양한 방법으로 재산을 증식한다. 사업을 하고, 건물을 매입해 안정적인 수입처를 확보한다. 그런데도 그들은 계속 연예인 활동을 하려고 한다.

유명인들만이 아니라 사업에서 성공한 이들, 직장에서 성공한 이들을 봐도 돈을 많이 벌었다고 본업을 팽개치지 않는다. 그들에게 왜 본업을 계속 유지하냐고 물어보면, 본업의 전문성이 있기 때문에 새로운 '나'도 파생될 수 있다고 말한다.

본업이 잘돼야 투자도 잘 풀린다

자산 형성에서 왜 본업의 성공이 중요할까. 한 가지 사례를 들어 보자. A라는 사람은 증권 전문가로 활동하지만, 수익률은 상당히 저조하다. 본인이 관리하는 고객들의 계좌가 그리 만족스러운 편이 아니다. 이 사람의 전문성이 높다고 판단하기 어려울 것이다. 이분은 이렇게 투자해달라는 '호소인'에 불과할 수 있다.

나 역시 본업이 있다. 언론사 증권부장이라는 타이틀을 달고 있지만, 개인으로 보면 합법적인 테두리 내에서 투자하고 있는 한 명의 작은 투자자일 뿐이다. 그런 내가 자주 받는 질문 중 하나가 "얼마나 수익을 내기에 그렇게 아는 척하느냐?"이다.

개인 유튜브 채널을 통해 종종 수익률을 공개한 적이 있다. 엄청난 수익률을 자랑하는 분들과는 거리가 조금 멀지만, 여기서도 내 계좌를 살짝만 공개해보겠다. 매년 수익이 나는 것은 아니지만 전체적으로 나쁘지 않은 수익률을 유지하고 있다고 볼 수 있다.

● 연도별 개인 주식 투자 수익률

2023년	76.09%
2022년	-7.69%
2021년	10.76%
2020년	36.05%
2019년	-9.42%
2018년	59.31%
2017년	28.56%
2016년	7.04%
2015년	-11.59%

부동산도 비슷하다. 부동산에 크게 투자하지는 않았다. 다만 10년 만에 자력으로 서울에 집 한 채를 장만할 정도의 결과는 얻었다. 경제 신문의 증권부장이면 최소한 이 정도는 해내야 한다는 생각에 공개해본 것이다.

앞에서 살펴본 A의 이야기로 돌아와보자. 증권 전문가로 활동하며 큰 성과도 없던 A가 어느 날 새로운 사업에 도전해 영역을 확장하려 한다면 어떨까. 쉽지 않을 것이다. 만일 성공한다면 그는 애당초 증권 쪽 일을 할 게 아니라 그 사업을 했어야 하는 사람일 것이다.

본업에서 인정받지 못하면서 연계된 사업에서 인정받는 것은 정말 어렵다. 만일 본업을 소홀히 하여 전문성이 떨어진다면 "원래 하던 일이나 잘할 것이지" "본업도 못하면서, 쯧쯧" 등 냉정한 평가를 들을 수밖에 없다.

꼭 성공한 자산가, 혹은 사업가, 예술인 등을 찾지 않더라도 평범한 우리도 마찬가지다. 나 스스로가 직장에서 인정받지 못하고 불안해진다면, 투자 자체에도 불안감이 그대로 전해질 수 있다. 본업이 흔들리면 자연스럽게 심리적으로 불안해진다. 이는 주식 혹은 부동산 투자 등에 영향을 끼치면서 냉정함을 잃거나 객관적이지 못한 판단을 하게 만든다. 조급해지고 쫓기기도 한다. 투자의 실패로 이어지는 건 자명하다.

예를 들어보자. B라는 사람은 직장에서 너무나도 힘든 일을 겪어 심적으로 피로감이 많이 쌓인 상태였다. 이러한 상황에서 연초 100%에 달하던 투자 수익률이 어느새 22%까지 줄어들었다. 여기에 회사에서 부진한 성과로 인사이동에서 밀렸다는 소식까지 접하게 된다. 서운한 마음에 주식계좌를 열어보니, 자신이 가진 종목들이 계속 빠지고 있다.

'갑자기 나에게만 이런 일이 생기는 것 같다'는 서운함과 불안함이 든다. 여기서 그쳐야 했지만 일단 수익을 건지고 이 돈으로 가족과 맛있는 것이라도 먹겠노라 다짐한다. 그리고 매도 버튼을 누른다. 매도 버튼을 누른 뒤, 19%의 확정 수익을 보며 생각한다. '그래, 이거라도 건졌으니 됐다. 수익은 났잖아?'

그런데 사실 B의 주식 투자는 이런 성향이 아니다. 연초에 거둔 100% 수익도 하락장에서 거둔 것이었고, 안정적인 직장에서 꾸준하게 공부하며 종목을 선정해 만든 수익이었다. 현재 수익률이 줄어드는 것 역시 내년이면 나아질 수 있다는 확신으로 기다리고 있었던 상황이었다. 불과 석 달 전까지만 해도 말이다.

그런데 본업이 흔들리면서 투자에 대한 본인의 기준과 철칙이 무너졌고, 예상보다 낮은 수익을 거두게 되었다. 여기에서 매도 종목의 수익률이 더욱 악화되면 그나마 위안이 되겠지만, 이 종목들이 다시 올라가면 B는 더욱 깊은 상심에 빠지게 될 것이다.

이렇게 되면 수익이 났음에도 손실을 본 듯한 기분이 들고, 투자 패턴이 바뀌게 된다. 급등주 위주의 투자를 거듭한다. 계좌의 수익은 점차 사라지고, 순식간에 망가지게 된다. B의 사례는 실제 이야기를 각색한 것이다. 대다수가 이와 크게 다르지 않을 것이다.

본업에서의 전문성을 가지고, 그 전문성을 잘 유지하는 것에서 오는 심리적 안정감이 왜 자산가가 되는 데에 필수적인가. 이제 우리가 본캐, 부캐 등 여러 정체성으로 살게 되는 시대에 있기 때문이다. 과거 부모 세대들은 여러 가지 정체성을 가지고 있지 않았다. 그러나 오늘날은 직장이 있으면서도 자기 사업을 하기도 하고, 유튜브를 운영하기도 하는 등 다양한 정체성을 가지고 사는 사람이 늘고 있다. 이게 자산가가 되는 것과 무슨 관계가 있을까 싶겠지만, 앞에서 말했듯이 돈을 번다는 건 자기만의 돈을 버는 방법을 만들고, 그것의 선순환 구조를 유지하는 것이다.

그런데 많은 이들이 본캐가 잘 안 되니 부캐를 만든다는 식으로 삶을 꾸려나간다. 그건 본캐와 부캐의 개념 자체를 잘못 이해하고 있는 것이다. '일정 정도의 전문성'을 계속 쌓아가는 본캐가 존재해야 부캐도 가능하다.

나의 경우를 예로 들어보자. 나는 기자임과 동시에 유튜브 채널도 운영한다. 체력적으로도, 정신적으로도 쉽지 않다. 글을 쓰며 생각하는 이 순간에도 '어휴' 소리가 절로 나온다.

이 정도면 '전업'으로 유튜브를 해보라는 권유도 종종 받는다. 이런 생각을 한 번도 안 해봤다면 거짓말일 것이다. 그럼에도 불구하고 내가 '기자'라는 본캐를 꾸준하게 유지하며 유튜브 채널을 운영하는 이유도 앞에서 언급한 것과 비슷하다.

'서정덕TV'는 경제 관련 정보를 올바르게 전달하고, 어려운 부분을 가감 없이 해석하여 보는 올바른 투자 방향으로 이끈다는 방향성이 있다. 여기에는 내 직업이 '기자'라는 타이틀도 한몫했을 것이다. 누구인지 전혀 알 수 없는 사람이 전해주는 정보보다는, 현직 기자, 그것도 증권 기자가 취재 과정과 데스킹(desking) 과정에서의 경험과 시중에 노출된 정보와 함께 전혀 몰랐던 정보도 무료로 전달해준다는 엄청난 장점이 있다.

본캐가 흐려지지 않기 위해 연계된 활동에서도 최대한 정도를 지키려고 한다. 내 유튜브 채널에서 볼 수 없는 것이 과장이다. '어그로'를 끄는 썸네일을 사용해 시청자들을 낚거나, 과장된 표현을 최대한 하지 않는다. 이러한 콘텐츠는 기자라는 본업에 영향을 주어 악순환을 만들 수 있다고 생각하기에, 사람들이 관심을 가질 만한 주제를 선정하면서도 균형을 유지하기 위해 노력한다.

치우치지 않은 정보 전달을 하기 위해 끊임없이 스스로를 검열하는 건 기본이다. 정보 전달이 잘못된 경우가 있다면, 최대한 빠르게 정정하여 신뢰감을 이어가기 위해 노력한다. 본업의 전문성이 높아질수록 부캐의 성공도 높아지는 것이 인생의 '선순환 구조'를 만드는 것이다. 그래야 투자에서도 선순환 구조를 만들 토대가 만들어진다.

고정 수입의 수준을 반드시 유지하라

본업의 전문성을 갖췄을 때 기본적으로 발생하는 고정적인 경제 수익이 가져다주는 물질적 심리적 토대는 중요하다. 예를 들어 한 달에 세금까지 모두 제외하고 400만 원의 고정 월급을 받는다고 가정해보자. 우리 집안의 가정경제는 최소한 400만 원 정도의 금액을 지출할 수 있는 수준에 맞춰서 풍족하지는 않아도, '안정적'으로 꾸릴 수 있다. 여기에 유튜브 채널이나 네이버 스토어 등의 부업에서 발생하는 수익으로 자산을 증식하는 데에 사용할 수도 있다.

그런데 안정적으로 들어오던 고정급여가 사라진다고 가정해보자. 400만 원이 많다 적다의 문제가 아니다. 최소한 안정적이고 고정적이던 수입 400만 원을 만들어야 하는데, 불가능한 상황이 벌어질 수도 있으므로 조급해질 수밖에 없다. 즉 실제적으로 발생할 수 있는 위험이 다가왔기 때문에 당연히 심리적으로 위축되고 돌발 행동을 할 확률이 높아지는 것이다.

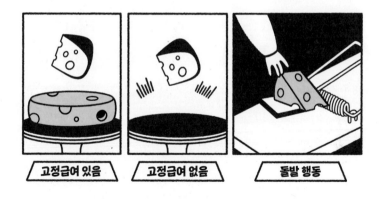

| 고정급여 있음 | 고정급여 없음 | 돌발 행동 |

고정급여는 더 나은 투자를 위한 안전망이다.
본업이 있다면 하찮게 여기지 말고 잘하도록 노력해야 한다.

본업의 중요성을 유튜브 채널 운영을 통해서도 살펴보자. 유튜브를 하려는 이들은 매우 많아졌다. 본업을 중심으로 하는 유튜브를 하는 것도 쉽지 않은데, 본업과 전혀 상관없는 주제로 유튜브를 운영하는 이들도 많다.

유튜브는 장사와 동일하다. 고정 수입이 없고, 그날그날 조회 수가 다르다. 당일 정산하는 금액들이 모여 한 달 정산을 받는데, 100달러가 모이지 않으면 개월 수와 관계없이 정산금을 지급받지 못한다. 바꿔 말하면 한 달에 100달러는 무조건 채워야 정산을 받을 수 있다.

게다가 유튜브가 무서운 것은 매일 수많은 새로운 콘텐츠가 생성되기에 비슷비슷한 콘텐츠로는 쉽게 도태될 수밖에 없다는 점이다. 그렇기에 새로운 무언가를 끊임없이 고민해야 하는데, 이 과정이 항상 순탄할 수는 없다. 이러한 실패가 조금만 반복되면 '내가 자극적이지 않아서 이렇게 잊히는 게 아닌가?' 하는 생각에 빠지게 된다. 혹은 주변에서 건네는 잘못된 조언을 그대로 믿고 실행하는 경우도 있는데, 이것이 대중의 눈살을 찌푸리게 하는 콘텐츠로 발현되기도 한다.

이런 과정을 겪을 때 전문성이 겸비된 본업이 버티고 있고, 고정된 수입이 안정적으로 보장되어 있다면 심리적 불안의 정도가 다를 수 있다. 좀 더 냉정하게 나를 바라보며 문제를 진단하고, 해결책을 찾아 시간이 걸리더라도 다양한 시도를 할 수 있다. 즉 투자를 하든 유튜브를 하든, 본업의 전문성을 높여가면서 안정된 고정 수입을 유지하는 것이 훨씬 더 성공할 확률이 높은 것이다.

본업의 전문성과 세컨드잡의 시너지 효과

본업의 중요성을 아는 사람은 투자할 때에도 '전문성'을 중심으로 판단하는 태도를 가지고 있다. 그저 '돈 잘 버는' 아이템에 편승하는 투자는 너무나 위험하다. 실제 사례를 살펴보자.

2023년을 떠들썩하게 했던 라덕연 사태를 기억할 것이다. 이 사건은 차액결제거래인 CFD(기초 자산을 보유하지 않고 가격 변동분에 대해서만 차액을 결제하는 파생상품 중 하나로, 투자 위험도가 높아 전문 투자자에 한해 거래가 허용된다)를 이용한 장기간 주가 조작, 그리고 폰지 사기(다단계 사기로 불리며, 투자 사기 수법의 하나로 실제 아무런 이윤 창출 없이 투자자들이 투자한 돈을 이용해 투자자들에게 수익을 지급하는 방식이다) 등이 결합된 굉장히 복잡한 일이었다.

사건이 터진 첫날, 나는 직접 단독 취재한 기사를 통해 전달하고, 이후 복잡한 내용을 쉽게 정리해 다음 날 아침 라이브 방송에서 전달했다. 라덕연 사태는 치밀하게 계획된 주가 조작 사태였다. CFD를 이용해 거래량이 많지 않고 공매도가 금지된 종목 가운데 시세 조종이 쉬운 8종목을 선정하여 장기간 주가 조작을 펼쳤다.

　이 과정에서 투자자만 1,000여 명에 이를 정도였고, 1조 원 규모의 자금을 모집했다. 서울가스, 세방, 다올투자증권, 대성홀딩스, 다우데이타, 하림지주, 선광, 삼천리 등 8종목을 선정해 투자금을 통정매매(주식매매 당사자가 부당이득을 취득할 목적으로 종목 · 물량 · 가격 등을 사전에 담합, 지속적인 거래를 하는 행위. 신고되지 않은 상태에서 당사자 간의 담합에 의해 주식시세를 조작함으로써 시장을 혼란시키고 부당 이득을 취한다는 점에서 불법으로 간주된다) 방식으로 주가를 조작하고 불법적인 수익을 거둬들였다. 그렇게 만들어진 수익금을 투자자라는 사람들에게 배당했고, 이 과정에서 말도 안 되는 수수료를 지급받았다. 수수료는 지정된 곳에 입금하는 방식을 사용했으며, 이는 자금 세탁의 도구로 이용되었다.

　나는 어떻게 장기간 주가 조작을 펼칠 수 있었고 법망을 피해

갈 수 있었는지 등을 정리하고, 증시에 미칠 만한 영향을 분석했다. 이제는 일목요연하게 정리된 사건이지만, 사건 발생 초기에는 그 실체를 이해하는 것이 정말 어려웠다.

라덕연 사태의 핵심은 결국 투자자들의 욕심이었다. 취재한 바 투자자라고 이야기하는 사람들 중 다수는 해당 투자가 정상적이지 않다는 것을 인지하고 있었다. (1)휴대전화를 거주지 부근에서 만나 개통한 뒤, (2)만난 장소에서 주식 거래 계좌를 개설하고, (3)휴대전화를 라덕연 일당에게 넘겨주고, (4)주식매매 역시 투자자라고 하는 사람의 거주지에서만 이뤄지고, (5)수수료역시 터무니없이 비싼데 전혀 관련이 없는 헬스장, 음식점 등으로 입금하게 했고 (6)수익금이 비정상적으로 높았다.

즉, 이런 것을 보면 정상적 거래에서 비롯된 구조가 아님을 투자자 대다수가 알고 있었다. 정상적 거래가 아니기에 리스크가 컸겠지만 합법, 불법과 관계없이 나도 돈 있는 이들의 리그에 참여하고자 하는 비이성적인 욕구로 인해 발을 들여놓게 된 것이다.

비이성적인 욕구가 발생하는 이유는 자기 전문성에 대한 확신이 없기 때문이다. '누구는 그런 일을 해도 돈을 벌던데'라고 생각할지 모르겠지만, 극히 소수이며 대다수는 돈 버는 사람들의 희생양이 된다. 그리고 이런 사고로는 자신만의 성공 방식으로 자산을 형성하는 선순환 구조, 자산 형성의 좋은 궤도를 만들지 못한다.

이번에는 반대의 사례를 살펴보자. 에코프로비엠과 관련된 일이다. 나는 에코프로비엠의 43조 원 대박 수주 관련 공시를 사전에 예상했다. 이에 2023년 11월 29일 목요일 새벽 방송을 통해 '에코프로비엠의 최근 수급 개선과 주가 상승은 어쩌면 곧 일어날 수 있는 수주 때문일 수 있다'는 내용을 전달했다. 사전에 에코프로비엠 사측으로부터 어떠한 내용도 전달받은 바 없었다. 누군가 귀띔을 해준 바도 없었다. 그간 취재를 한 내용의 퍼즐을 맞춘 것뿐이었다.

어떻게 이와 같은 일이 가능했을까. 공시가 전해지기 얼마 전, 현대차가 국내 배터리 3사의 배터리를 탑재한다는 소식이 전해진 바 있었다. 삼성SDI가 2026년부터 2032년까지 7년간 6세대 각형 배터리인 P6를 현대차에 공급한다는 사실도 언급된 바 있었다. P6는 NCA 양극재 니켈 비중을 91%로 높이고 실리콘

음극재 적용 에너지밀도를 극대화한 각형 배터리로, 삼성SDI 헝가리 공장에서 생산해 현대차 유럽 현지 공장에 공급할 예정으로 전해졌다.

삼성SDI가 배터리를 공급하게 되면, 당연히 배터리를 제조할 때 사용되는 양극재도 필요하다. 양극재는 NCA였기 때문에 선택지가 많지 않다는 추론이 가능했는데, 기존 취재 내용을 확인해보니 삼성SDI와 에코프로비엠은 세계 최대 양극재 공장 CAM7을 만든 바 있었다. 그리고 해당 공장에서 P5에 이어 P6에 적용될 예정이었는데, 마침 이번에 공급되는 배터리 역시 삼성SDI의 P6 제품이었다.

퍼즐을 하나씩 맞춰가고 있는 가운데, 뒤에서 소개하는 것과 같은 공시가 하나 등장했다.

해당 공시를 보면 에코프로비엠은 에코프로글로벌에 500억 원 증자를 단행했다. 에코프로글로벌은 에코프로비엠이 지분을 100% 소유한 완전 자회사이며, 에코프로글로벌은 또다시 헝가리 법인에 대한 지분을 100% 보유 중이다. 한마디로 헝가리 법인에 들어갈 자금을 증액한다는 것으로, 해당 사업장에 들어가는 비용이 더 필요하다는 것으로 해석될 수 있었다. 그렇다면 이

특수관계인에 대한 출자

기업집단명	에코프로	회사명	㈜에코프로비엠	공시일자	2023.11.29	관련법규	공정거래법 제26조

(단위 : 백만 원)

1. 거래상대방		㈜에코프로글로벌	회사와의 관계	계열회사
2. 출자내역	가. 출자일자	2023.12.01		
	나. 출자목적물	㈜에코프로글로벌의 보통주 4,000,000주		
	다. 출자금액	40,000		
	라. 출자상대방 총출자액	626,000		
3. 출자목적		㈜에코프로글로벌 유상증자 구주주 청약 참여		
4. 이사회 의결일		2023.11.28		
- 사외이사 참석여부	참석(명)	5		
	불참(명)	-		
- 감사(감사위원)참석여부		참석		
5. 기타		- 상기 2. 출자내역 중 '가. 출자일자'는 주금 납입(예정)일이며, 변동될 수 있음.		
		- 상기 2. 출자내역 중 '라. 출자상대방 총출자액'은 금번 출자한 금액을 포함한 총 출자금액임.		
		- 상기 내용은 (주)에코프로글로벌의 유상증자 추진 과정에서 변경될 수 있음.		
※ 관련공시일				

는 대형 수주와 관계가 있다는 합리적인 추측이 가능했다.

그 전에 LG에너지솔루션과 도요타의 공시가 나온 뒤 LG화학의 2.8조 원 양극재 공급 소식이 전해진 바가 있었는데, 이와 비슷한 양상으로 진행될 수 있다고 추측했다. 그리고 단 하루 뒤인 2023년 12월 1일 오후 6시경 다음의 공시가 나왔다.

액수만 43조 원에 달하는 엄청난 금액의 수주 공시였다. 당일 저녁에 가족과 밥을 먹고 있는데, 전화와 카톡 그리고 유튜브 알림과 메일 등을 통한 연락이 빗발쳤다. 공시의 퍼즐을 하나씩 맞추고 취재한 내용을 더하다 보니 곧 좋은 소식이 나오지 않을까

투자판단 관련 주요경영사항

1. 제목		하이니켈계 NCA 양극소재 중장기 공급계약
2. 주요내용		1. 계약내용 - 계약일 : 2023-12-01 - 공급제품 : 하이니켈계 NCA 양극소재 - 계약금액 총액(원) : 43,867,615,524,480 - 상기 계약금액은 계약기간 (2024-01-01 ~ 2028-12-31) 내 총 계약물량을 계약 상대방과의 최근 판매단가 (환율 1USD = 1,306.32원) 기준으로 산정하였습니다. 2. 계약상대방 : 삼성SDI - 최근 매출액(원) : 20,124,069,515,854 - 주요사업 : 에너지솔루션, 전자재료 사업 - 회사와의 관계 : 없음 3. 판매·공급지역 : 삼성SDI 국내 및 해외공장 4. 계약기간 : 2024-01-01 ~ 2028-12-31
3. 사실발생(확인)일		2023-12-01
4. 결정일		2023-12-01
- 사외이사 참석 여부	참석(명)	-
	불참(명)	-
- 감사(사외이사가 아닌 감사위 원) 참석여부		-

예상했던 것뿐인데, 예상보다 너무 빠르게 수주 소식이 전해진 것이었다.

유튜브 댓글 창을 통해 "참기자의 정신을 확실히 알았다" "작두를 타셨군요, 다음 수주는 어디인가요" "성지순례 왔습니다, 이곳이 그렇게 잘한다고 소문났더라고요" 등의 반응이 이어졌다. 뿌듯하면서 민망했다.

아마 내가 말한 내용으로 투자에서 큰 이익을 봤다면 그 사람은 어쩌다 지나가다 서정덕TV를 들은 게 아니라, 꾸준히 서정덕TV를 청취하고 공부하면서 자기만의 투자 실행을 해왔던 사람인 것이 분명하다. 내 채널만이 아니라 여러 채널을 공부했을 것이다. 우선 그들 자신의 노력이 있었기에 기회가 왔을 때 파도를 탈 수 있었던 것이다. 이 이야기는 이미 앞에서 한 바 있다.

여기서 내가 이 사례를 이야기하는 이유가 있다. 내가 이 대형 수주를 알아챌 수 있었던 것은 어떤 사전 정보가 있었던 게 아니라, 집요하게 취재하고 알아내려 노력했기 때문이며, 본업인 기자라는 직업을 유지하면서 그 업의 전문성을 높이려 했기에 가능했음을 강조하기 위해서다. 즉, 누구나 자기 분야에서 전문성을 높이면 그 분야가 아닌 사람들 눈에는 보이지 않는 기회를 발견할 수 있다.

100% 시중에 노출된 정보라도 누구는 엮어서 이걸 이해할 수 있고, 누구는 이해할 수 없다. 그렇기에 헛된 상장 소식에 속지 않을 수 있고, 정말 탄탄한 기업에 투자하여 안정된 수익을 얻을 수도 있는 것이다. 자산가가 된다는 일은 절대 우연이 아니다.

전문성이 행운을 부른다

직업상 성공한 사람들 혹은 성공하고 있는 다양한 사람들을 만나게 된다. 그들 중에 '본업'과 '사업'이라는 두 마리 토끼를 다 잡은 성공적인 사례에 잘 맞는 인물이 있다. 현재 발레 전문 기업을 이끌고 있는 그는 러시아 4대 발레학교 중 하나인 볼쇼이 발레 학교에서 국내 남성 최초로 학사와 석사를 거쳐 박사 과정 중이다.

그는 전도유망한 무용수의 길을 걷던 중 '우리나라에는 왜 발레 학교가 없는가'라는 의문을 품고, 발레 교육에 관심을 갖게 된다. 그 첫걸음으로 영어유치원을 기본으로 하는 국내 최초의 유아 예술교육 기관, 유아 예술교육 분야의 첫 주식회사를 설립한다. 그리고 큰 성공을 거둔다. 또한 발레 관련 사업을 확장해가면서 볼쇼이 발레단과 손잡고 한국 최초의 공동 발레 학교 설립을 추진한다. 그는 예술교육이 유행할 거라 생각해 사업을 시작한 게 아니라, 본업의 전문성을 키워가면서 10년 동안 구상했다. 그의 전문성과 꾸준한 노력이 이뤄낸 성과다.

물론 그는 운이 좋았다고 말한다. 사업을 하며 위기를 이겨낼 수 있는 좋은 아이템을 발견했고, 사람들의 도움도 많이 받았다며 모든 게 운에 기반했다고 한다. 하지만 위기를 이겨낼 수 있는 좋은 아이템이 찾아와도 잡지 못하는 사람들이 많으며, 도움을 주는 좋은 사람들이 생기는 것도 그럴 만한 자격이 충분히 갖춰져야 한다.

해당 분야에 전문가이며 이력이 확실한 사람에게 높은 확률로 이러한 운이 찾아온다. 전문성이 있어야 행운이 찾아왔는지도 감별할 수 있고, 그것을 잡아 한층 더 성장할 수 있다.

운이 중요한가? 당연하다. 수많은 자산가들을 만나보면 본인에게는 행운이 많아 따라줬다고 이야기한다. 운 없이 성공하기는 사실 쉽지 않다. 노력한다고 해도 얻어낼 수는 없는 것들이 있고, 운과 노력이 비례하지도 않다. 그러나 본인의 분야에서 꾸준한 노력을 통해 그 분야에서 성공해야 운도 더 크게 만들 수 있다.

걷지도 못하는데 뛰는 것이 가능하기는 어렵다. 최소한 걷기에서 전문가가 되어야 뛰어보려고 할 수 있다. 그때 대단한 조력자를 만난다면 뛰는 분야에서도 성공할 수 있다. 그렇기에 본인의 직업에서 소위 인정받는 이들이 이후에 운도 불러들이고, 이

행운이 자산 증식으로 발전한다.

최근 세대가 아래로 내려갈 수록 재테크를 통해 자산을 모아서 조기 은퇴를 생각하는 이들이 많다. 노동을 해서 무엇하느냐는 목소리가 커졌는데, 부정할 수 없는 안타까운 상황이다. 그러다 보니 노동 자체도 잘못된 것이고 투자만 해서 경제적 자유를 얻어야 한다는 사람들이 상당히 늘었다. 물론 노동의 가치는 여전히 중요하며, 세상이 잘못된 것이기 때문에 언젠간 정상화가될 것이라며 예적금을 열심히 하는 사람들 역시 존재한다.

나는 당연히 노동의 가치가 더 높아져야 한다고 생각한다. 그렇다고 하여 투자를 하지 않거나 터부시하는 것은 옳지 않은 자세다. 그리고 이 한 가지는 꼭 새겨야 한다. 세상 모든 사람이 부동산 임대로 수입을 얻고 주식으로 배당을 받으며 노는 세상이온다면, 그것들이 주는 부가가치의 중요성은 상당히 떨어질 것이다. 부동산 임대수익과 주식배당 등의 소득이 빛나 보이는 것은, 그것을 갖지 못한 사람의 비율이 훨씬 높기 때문이고, 앞으로도 이는 유지될 확률이 높다.

그렇기 때문에 자산 형성을 위해 사업을 하거나 주식 투자로 배당을 받거나, 부동산 임대업 등에 도전하기를 당연히 권하는 것이다. 하지만 자기 업을 분명히 하고 그 분야에서 인정받으며 자기 가치를 높이는 것은 여전히 중요하다. 특히 부동산으로 인한 자산 증가보다, 주식 투자와 같이 시장의 흐름과 각 분야의 특성을 잘 알아야 투자에도 성공할 수 있는 신자산가의 시대에는 자기 본업의 중요성이 더욱 클 수밖에 없다.

CHAPTER 5

질문의 양을
2배로 늘려라

"앞서갈 수 있는 유일한 방법은
우리가 흔히 생각하는
상식의 오류를 찾는 것이다."

_래리 엘리슨

1991년 인텔의 전설적인 CEO 앤디 그로브는 미국 스탠퍼드 경영대학원 강단에 섰다. 그리고 다음과 같은 질문을 던졌다.

"한 CEO가 해당 산업의 유력한 경영자들이 모이는 행사에서 연설을 하려고 합니다. 연설 내용을 다음 3가지 중에서 골라야 합니다. 첫째, 아주 매력적이고 정교해 보이지만 실전에 투입된 일은 없는 신기술을 도입하겠다. 둘째, 현재 기술을 강화하는 데에 전력을 기울이겠다. 셋째, 앞의 2가지 말고, 시장에 판단을 맡기겠다. 여러분이라면 어떻게 하시겠습니까?"

이 3가지 질문은 며칠 뒤 그가 실제로 의사 결정을 해야 하는 내용이었다. 세상을 뒤흔들 정도의 막강한 영향력을 지닌 글로벌 기업의 CEO가 초보 경영학도들에게 의견을 구했던 것이다.

버클리대학에서 화학공학 박사 학위를 취득한 앤디 그로브는

페어차일드 반도체에서 기술자로 일을 시작했다. 그는 1968년 인텔의 경영진으로 합류한 직후 이런 말을 남겼다. "경영을 맡았는데 경영에 대해 아는 게 전혀 없잖아." 그의 질문이 시작되는 순간이었다.

그는 닥치는 대로 공부를 시작해 각종 경영학 저널을 빼놓지 않고 읽고 토론을 즐겼다. 신문 칼럼이나 강의, 책을 통해 자신이 배운 것을 끊임없이 정리해 발표하기도 했다. 앤디 그로브만이 아니다. 내가 만나본 성공한 자산가들은 하나같이 앤디 그로브처럼 자세를 낮춰 배우려고 하고, 낯선 사람에게도 질문하고 조언을 얻는 것을 주저하지 않는다.

얻고 싶은 게 있다면 질문하라

"평소에 질문을 많이 하고 사나요?" 자신 있게 '그렇다'라고 이야기할 수 있는 사람이 그리 많지는 않을 것이다. 마음만 먹으면 질문을 할 수 있지만, 그 마음을 먹기가 쉽지는 않을 것이다. 마음을 먹기까지 용기도 내야 하며, 제법 습관으로 자리 잡아야 거리낌 없이 질문할 수 있다.

그런데 왜 질문하는 습관이 중요한가. 학창 시절을 떠올려보자. 선생님께서 "질문 있는 사람?"이라는 말을 던졌을 때, 자신 있게 손을 들었던 친구들은 대부분 성적이 우수했다. 공부를 많이 했으니 궁금한 것도 많겠지라고 생각할 수 있겠지만, 돌이켜보면 질문할 줄 아는 학생들이 공부를 더 잘하게 되는 거라고 이해하는 게 맞는 것 같다.

왜 우리는 질문하지 않는가. 그것을 내 것으로 만들 생각이 없기 때문이다. 알고 싶은 생각이 없기 때문이다. 알려주는 것에서 그치고, 보이는 것에서 그치려고 하는 사람들은 궁금한 점이 없다. 기자들은 질문을 달고 산다. 왜냐하면 아직 세상에 드러나지 않은 일을 발굴해야 하기 때문이다. 새로운 사실을 끌어내려 하고, 다른 기자들보다 더 좋은 기사를 쓰려고 하기 때문에 질문을 한다.

유튜브 구독자들도 마찬가지다. 내가 하는 방송을 듣고 '아 그렇구나' 하고 흘려 지나가는 사람이 있는가 하면, '저건 더 알고 싶다'라고 질문하는 이들이 있다. 질문하는 이들은 뭔가를 '하고 싶기' 때문에 '얻고 싶기' 때문에 질문한다. 자산가가 되고 싶다면, 돈에 대해 질문할 준비를 해야 한다.

1,000개를 질문할 수 있는 능력 기르기

질문을 왜 하지 않는가? 내가 생각하기에 질문이 없는 사람은 '겁'이 많은 것 같다. 어떤 겁일까? '내가 하는 질문이 이상하게 느껴지면 어떻게 하지?'라는 겁이다. '남'을 의식하는 것이다. 우리나라 사람의 대표적 문제점 중 하나는 '남 앞에서는 반드시 잘해야 한다'는 강박이다. 발표를 할 때도 그렇고, 심지어 한국어가 아닌 영어로 말할 때도 막힘없이 조리 있게 해야 한다고 생각한다.

그런데 질문은 발표가 아니다. 모르니까 물어보는 것이고, 더 잘 알려고 물어보는 것이다. 그런 질문에 '수준'이 어디 있겠는가. '이렇게 물으면 바보 같아 보이지 않을까?' '이 질문이 시의적절할까?' 등과 같은 자기 검열은 자산가가 되려는 이들에게는 절대 금물이다.

물론 좋은 질문은 필요하다. 좋은 질문은 어떤 것인가. 정말 필요한 것을 얻어내는 질문이다. 내가 질문을 던지고, 그에 대한 답을 얻어내고, 그를 바탕으로 뭔가 성과를 보게 되는 것. 그것이 좋은 질문일 것이다.

주식을 사고 부동산을 거래할 때
스스로 몇 개의 질문으로 얼마만큼의 정보를 확인하는가.
이제 '대충 아는 것'으로 투자하는 습관을 버려라.

처음부터 좋은 질문을 던질 수는 없다. 질은 곧 양을 통해 만들어진다. 좋은 질문인지가 고민된다면, 먼저 질문의 수를 늘리는 습관을 가지자. 10개를 질문한 사람과 100개를 질문한 사람 가운데 누가 도움이 되는 답변을 얻을 확률이 높을까. 당연히 후자일 것이다. 질문을 많이 하면 그 가운데 괜찮은 답이 단 하나라도 나올 수 있다. 어떤 것이라도 그냥 넘기지 말고 '자주 질문하는 것'이 중요하다.

하루 평균 3개의 질문을 하는 사람과 100개의 질문을 하는 사람이 있다고 가정해보자. 이 둘 모두 원하는 답을 전혀 얻지 못할 수도 있다. 하지만 원하는 답변을 얻을 확률은 100개의 질문을 던진 사람이 당연히 높아질 수밖에 없다. 100% 만족스러운 답변은 아니지만, 원하는 답변에 근접한 것들을 얻어낼 확률이 상당히 높아진다. 그 과정에서 정답에 가까워질 수 있게 되는 것이다.

특히 투자를 처음 하는 사람들, 잘 모르는 사업에 뛰어들고 싶은 사람들에게 필수 능력이다. 예전에는 큰 트렌드를 따라가면서 투자하거나 사업을 하면 되었지만, 이제는 그렇게 해서 성공하기가 힘들다. 예적금 하나를 들어도 금리를 따져가면서 많은 것을 확인해보고 시도해보는 습관을 가져야 한다. 다양한 사람들과 만나고, 최대한 질문을 많이 하여 정보를 축적할 수 있어야 한다.

올해로 방송 앵커 생활 17년째인 나는 그간 수많은 프로그램을 진행했다. 내가 해온 일은 수없이 많은 질문을 던지는 것이다. 대본을 보면 방송에서 편집되어 나오는 것보다 적게는 3배에서 많게는 5배가량 많은 질문이 담겨 있다. 30분짜리 방송이 실제로는 3~4시간 녹화를 하는 경우도 잦다. 많은 질문 중에 가장 적합한 것들 위주로 편집되고 방송으로 송출되어 시청자들의 호기심을 해결하는 데에 도움을 주는 것이다.

우리의 현실도 방송과 다르지 않다. 많은 질문을 스스로 해내고 그것들을 스스로 편집하여 좋은 것들만을 취하는 과정이 반복된다면, 원하는 방향으로 성장하는 거름이 된다.

질문을 잘하고, 많이 해서 나에게 필요한 정보를 얻어내야 한다. 많이 하다 보면 그 안에서 괜찮은 질문과 답이 도출된다. 그것들을 다시 복기하여 자기 것으로 만들어보는 것이다.

유튜브 채널을 진행하는 나로서는 나날이 갈수록 질문의 중요성을 더 많이 느낀다. 과거에는 기억력이 좋은 사람=똑똑한 사람이었다. 정보를 검색할 곳도 적고 정보를 습득하기도 힘들었기 때문에, A라는 사건 혹은 인물에 대해 기존에 알고 있던 지식을 막힘없이 꺼내는 사람이 대접을 받았다.

하지만 시대가 빠르게 변했다. 길을 가다 궁금한 것이 생기면 휴대전화로 검색하면 되고, 회의 중에 필요한 정보가 있다면 그 자리에서 검색하면 끝난다. 이렇게 정보가 많기에 오히려 지금은 최상의 정보를 얻기 위한 질문 능력이 무엇보다 중요하다. 그 첫 단계가 1,000개를 질문할 능력을 갖추는 것이다.

묻지 않으면 잘못된 방향으로 가게 된다

질문이 중요한 이유 중의 하나는 리스크를 피할 수 있게 하기 때문이다. 투자를 할 때 몰랐던 것에 대해 질문하지 않고 그냥 넘어가기 일쑤인 사람들이 많다. 이러면 굉장히 잘못된 습관을 가지게 된다. 확실하지 않은 정보에 기대거나 모르는 부분에 무턱대고 투자할 경우 손실이 발생할 확률이 훨씬 높아진다. 알고 투자해도 손실이 나는 마당에, 모르고 투자하는 것은 총 없이 전쟁터에 나가는 것과 다르지 않다.

얼마 전 나에게 인스타그램 DM(다이렉트메시지)을 통해 "방송에서 서정덕씨가 CMA(Cash Management Account, 종합자산관리계좌)를 언급하며 그곳에 여윳돈을 넣어둔다고 했는데요. CMA가 무엇인지 검색해도 잘 이해가 가지 않고, 정말 넣어도 되는지 궁금한데 답을 주실 수 있겠습니까. 너무 무식한 질문이어서 죄송해요"라는 질문을 받은 적이 있었다.

나는 "죄송할 것 하나 없고 전혀 무식하고 잘못된 질문이 아니다"라고 하며 차근차근 답변을 해주었다. 해당 상품에 대해 유의해야 할 사항까지 전달하고, 대체 상품으로 할 만한 대표적인 파킹통장을 언급해주었다.

CMA 상품의 경우 하루만 맡겨도 이자가 생긴다. 여윳돈을 예적금이 아닌 곳에 넣어두며 이자를 함께 챙길 수 있어서 나 역시 애용한다. 다만 원금이 보장되지 않으며 등급에 따라 이체 수수료가 발생할 수 있다.

질문을 준 분이 연 3% 이자를 주는 CMA 상품에 가입했다고 가정해보자. 여윳돈 100만 원을 CMA에 넣어둔다고 할 때 1년 이자는 3만 원이며 이자소득세(15.4%)를 제외하면 2만 5,380원이 발생한다. 이를 365일로 나누면 하루 약 70원 정도의 이자다. 100만 원을 두어 달 정도 넣어둔다면 약 4,300원가량의 이자가 발생한다. 최소 커피 한 잔 값은 건졌다고 할 수 있다.

그런데 이분이 이 돈을 급하게 이체해야 할 경우, 250원에서 500원가량의 거래 수수료가 발생할 수 있다. 그렇기 때문에 이 자가 4,000원 안팎으로 줄어들 수 있다는 것이다. 없는 것보다는 훨씬 나은 금액이지만, 만약 넣어둔 돈을 일주일 만에 이체해야 할 경우 이자는 500원이 붙었는데 수수료가 250~500원이기 때문에 사실상 이자는 거의 없는 셈이다. 심지어 일주일도 되지 않는다면 발생한 이자보다 수수료가 더 커질 수 있다. 이 경우 해당 증권사 혹은 은행만 좋은 일을 시킨 꼴이 되기 때문에, 최초 설정한 은행 ATM기를 이용하여 수수료 없이 인출해야 한다.

어렵다는 이유로, 별것 아닐 것 같다는 지레짐작으로 질문하지 않고 넘겼다면 금액의 크기를 떠나 수수료 때문에 손실이 발생할 수도 있었을 것이다. 하지만 귀찮음과 겁을 극복하고 질문해 답변을 받은 분은 나에게서 얻은 정보를 바탕으로 큰 금액은 아니지만 소소한 이자를 얻을 수 있는 재미를 시작할 수 있었을 것이다.

모르는 것은 죄가 아니다. 모른다는 것은 이전에는 알 필요가 없었기 때문이다. 이제 알 필요가 생겼다면 질문부터 하는 게 당연하다. 주변을 보면 돈이 많은 사람일수록 나에게 더 많은 질문을 한다. 의외이지 않은가. 이미 투자에 성공도 해보고 사업도 잘되는 사람이 아직도 더 잘하고 싶어서 나 같은 사람에게도 수많은 정보를 물어본다. 그런데 아직 자산을 형성하지도 못한 이들이라면 더 많은 질문을 해야 하는 게 당연하다.

신자산가들의 질문 습관

그러면 어떻게 질문해야 할까. 우선 질문의 내용도 중요하지만, 누구에게 질문할지도 중요하다. 유치원생인 우리 아들에게 미국의 대통령 선출 방식에 대한 질문을 한다면 어떤 답을 얻을 수 있을까. 공룡의 진화나 로봇 장난감의 종류에 대해 물으면 족히 반나절은 대답할 수 있겠지만 말이다. 이는 비단 어린아이에게만 한정되지 않는다. 직장생활이나 사회생활을 하면서도 충분히 겪을 수 있다.

알맞은 사람에게 질문하는 것은 매우 중요하다. 가령 나에게 특정 주식의 매수 가격, 매도 가격을 찍어달라고 한다면 잘못된 질문일 것이다. 반면 현재 미국의 경기 상황과 달러 흐름에 맞춰 글로벌 경기 흐름을 큰 틀에서 부담 없이 듣고 싶다고 질문한다면, 내가 알고 있는 지식과 사실 등을 종합하며 정말 '부담 없이' 대답해줄 것이다. 여기에서 나오는 이야기 가운데, 본인이 필요한 부분만을 취사선택하여 신자산가가 되는 길에 이용하면 된다.

다음으로 유연한 태도를 가져야 한다. 질문을 많이 하고 답변도 많이 들었는데 유연함이 부족하다면 말짱 도루묵이다. 답변을 성실히 해줬는데도 '그건 아닌 것 같은데요'라고 고집을 부리는 분들이 있다. 그런 분들이 자산 형성을 해내는 경우를 거의 보지 못했다. 성공한 자산가들은 많이 질문하고, 그것을 받아들이는 유연함이 있다.

직업상 취재를 하며 다양한 CEO를 만나기 마련이다. 다수의 CEO들은 나의 질문에 답변만 하지 않고, 끊임없는 나의 질문에 대답하며 자신이 내게 묻기도 한다. 심지어 취재 전후로 생길 수 있는 티타임과 식사 자리에서는 오히려 나에게 더 많은 질문을 던진다. 질문이 중요한 이유는 질문은 곧 '관계'를 만들기 때문이다.

코스닥 상장사의 A대표는 식사 자리에서 일과 관련된 이야기를 부담스럽게 하는 재주가 있는데, 끊임없이 질문을 주고받는 대화는 본인의 이야기에서 시작해 상대방의 이야기로 이어진다. 그리고 서로에 대한 이야기로 번진다. 나 또한 A대표와 만났을 때 그와 같은 경험을 했다. 식당이 문을 닫을 때까지 한시도 지루함 없이 질문을 통한 대화가 이어졌고, 이후에도 나에게 연락을 쉽게 하는 사이가 되었다. 또 다른 자산가는 사람들과 대화를 나누고 나면, 그 이야기 내용을 하루하루 정리해 어떤 식으로든 투자에 적용할 수 있는 방법을 찾아낸다고 한다.

앞에서 내가 소개한 에코프로비엠의 대형 수주도 역시 관련 정보를 그냥 읽는 데에서 그치지 않고, 질문을 품고 계속 다른 상황을 체크했기 때문에 가능한 일이다. 자산가가 되려면 기자처럼 행동하라고 말해주고 싶다.

물론 모든 기자들이 질문을 잘하고 원하는 답변을 얻어내지는 않겠지만, 어떤 기자가 특정 기업에 대한 기사를 쓴다고 생각을 해보라. 잘못된 정보를 알려주지 않기 위해서 여러 측면에서 체크하고 질문할 것이다.

자신이 돈을 직접 투자하지 않는 기자들도 이런데, 투자는 결

국 나의 소중한 자본이 들어가는 일이 아닌가. 그런데 왜 '묻지
마 투자'를 하는가. 자산가가 되기 위해 꼭 필요한 습관을 지금부
터라도 가져야 한다.

CHAPTER 6

반복할 수 없는
투자는 하지 마라

"성공한 사업가와 실패한 사업가의 차이는
'순전한 인내심'이 있느냐 없느냐다."

_스티브 잡스

나는 많은 사람이 부자가 될 수 있는 능력을 이미 가지고 있다고 생각한다. 거짓말 같다고? 생각해보라. 만약 당신이 학창 시절에 거창한 상은 받지 못하더라도 '개근상' 하나만큼은 놓치지 않고 받아왔다면? 매일 아침 출근 도장을 찍으며 일개미로 살고 있다면? 이런 엄청난 일을 해내고 있는 당신이 왜 부자가 되려는 일에는 소질이 없다고 생각하는가.

유명한 연예인처럼 타고난 엄청난 재능으로 부자가 되는 이들도 있겠지만, 의외로 많은 자산가들이 대단한 재능보다는 꾸준함과 성실함으로 자산을 일군다. 그리고 뭔가 거창한 일을 하는 게 아니라, 별거 아닌 것처럼 보이는 일을 지속적으로 하는 패턴을 가지고 있다. 투자의 대부인 워런 버핏은 "단기간에 인간을 가장 위대한 존재로 만드는 지름길은 독서밖에 없다"며 꾸준하게 독서하는 것으로 유명하다. 규칙적이고 부지런함은 성취하는 인생을 사는 데에 있어 필수 능력이다.

믿기지 않을지도 모른다. 직장인들의 눈에 볼 때 대다수 부자들은 부모가 물려준 자산을 그저 관리만 하고, 운 좋게 사업에 성공하여 하루의 반을 놀러 다니는 것으로 보일 것이다. 그런 사람들도 있을 수 있다. 그러나 운이 좋아 큰 자산을 이룰 사람이라 해도 그것을 지키고 불리는 데에는 부지런한 노력이 필요하다.

그리고 이제 대한민국은 부지런함과 성실함이 '다른 이유'로 칭송받아야 하는 시기가 왔다. 우선 과거처럼 개발 호재로 자고 일어나니 한 방에 부자가 되는 일은 없다. 꾸준히 자산 형성을 위해 노력해야 한다.

무엇보다 부지런함과 성실함이 부자가 되는 데에 꼭 필요한 이유는 이제 '영리해야 돈을 벌 수 있는' 시대이기 때문이다. 영리함은 하루아침에 누가 엄청난 지식을 건네줘서 가질 수 있는 게 아니라, 스스로 매일같이 갈고닦아야만 가질 수 있다. 온갖 정보의 홍수 속에서 살아가는 시기에는 잘못된 정보로부터 사기를 당하지 않고, 나에게 정말 필요한 정보를 알아채고 실행할 수 있는 '밝은 눈'을 가지고 있어야 한다. 그리고 영리함과 밝은 눈은 운빨이 아니라 부지런함에서 온다.

쉽게 버는 돈은 없다

부자가 되려면 부자를 따라 하라고 했다. 그러나 수년 혹은 수십 년간에 걸쳐 이룩한 비법과 노하우를 쉽게 알려주는 사람은 없다. 알려준다고 해서 나에게 대입하여 즉시 부자가 될 수 있는 것도 아니다. 하지만 대다수는 자산가가 이룩한 '핵심'만을 단기간에 알고 싶어 하고, 그렇게 하면 동일한 수준에 올라설 수 있다고 생각한다. 그러다 위기를 맞게 되기도 한다.

A는 평소에 돈을 많이 벌고 싶어 했다. 주변에 자산가들을 보면 큰 노력 없이 한 방 제대로 얻어걸려서 돈을 많이 번 것처럼 느끼곤 했다. 돈을 많이 번 사람들은 그들만의 은밀한 세계가 있을 것이라 확신하고, 수단과 방법을 가리지 않고 그 세계에 들어가고자 했다. 혹여 불법적인 요소가 다소 있다 하더라도 말이다.

어느 날 A에게 기회가 왔다. 돈을 잘 버는 친한 지인이, 최소 2억 원 이상을 투자하면 1년에 50%의 수익을 보장하는 투자가 있다고 한 것이다. 그는 이미 수익금을 정산받고 있었고, 통장을 통해 그것을 보여주기도 했다. A는 드디어 기회가 왔다고 생각했다. 1년만 지나면 원금은 보장될 테고, 그 후에는 모두 내 수익금일 테니 말이다.

갑자기 가슴이 두근거리기 시작하면서 즉시 그 투자에 합류하기로 결정했다. A의 친한 지인은 B를 A에게 소개시켜주며 그의 안내를 받으라 했다. A는 자신이 거주하는 지역에서 B와 만나기로 했다. B는 약속 장소에 나올 때 A의 명의로 된 휴대전화와 증권계좌를 새로 만들어 오라고 했다.

현금 2억 원과 새로운 휴대전화와 증권계좌, 모든 것이 준비됐고 둘은 만났다. 그리고 A는 휴대전화를 B에게 맡기고 수익금 정산을 기다렸다. 실제로 수익금이 정산되기 시작했다. 정산된 수익금 가운데 일부를 수수료 명목으로 여러 법인계좌로 나누어 입금하라는 이야기를 들었다. 이상하다는 생각이 들었지만, 크게 신경 쓰지 않았다. 그건 중요한 게 아니기 때문이었다. 중요한 것은 지금 자신이 엄청나게 수익을 얻기 시작했다는 것이었다.

A는 수익금을 재투자하면 다음 정산금이 더욱 늘어날 수 있다는 이야기를 듣고, 재투자를 결심한다. 그렇게 한 번 더 수익금을 정산받은 뒤, 얼마 지나지 않아 문제가 터진다. 지인과 A뿐만 아니라 수많은 사람이 투자했던 돈은 주가 조작에 사용되었고, 주

가 조작 일당이 적발되며 해당 사건과 관련하여 조사를 받게 된 것이다. 원금 2억 원과 투자 금액은 물론이고 자신의 계좌를 통해 큰 레버리지를 일으켰던 빚까지 떠안게 된다.

이는 2023년 상반기 증권 시장을 충격에 빠뜨렸던 라덕연 사태를 직접 취재하며 만났던 사람들 중 한 명의 실제 이야기다. A는 억울하다고 했지만, 누구도 그 억울함을 들어주지 않았다.

이런 한 방을 노리다 위험에 처하는 사람들이 꽤 많다. 금액이 크지만 않을 뿐, 테마주에 투자해서 날린 몇백만 원도 마찬가지다. 투자 수익은 쉽게 얻어지지 않는다. 취재를 하며 만나는 다양한 사람들 중에는 사기를 당한 경우도 수없이 많다. 사기를 당했다고 하니 선량한 피해자처럼 느껴지겠지만 사실 그렇지 않다. 안타깝게도 그들의 공통점은 부지런히 성실하게 투자하기보다 한 방을 노리고, 꼼수 등을 찾아다니며 쉽게 돈을 벌려 했다는 것이다.

그러면 어떻게 해야 자산 형성에 필요한 정보를 얻을 수 있을까. 단호하게 말하는데, 남에게서 구하려고 하지 말자. 특히 자기가 잘 모르는 분야의 일은 더더구나 기대하지 말아야 한다.

꾸준하게 공부하고 노력해서 투자한 사람들에게 노하우의 엑기스만 모아서 달라고 했을 때, 줄 수 있는 사람이 얼마나 될까. 일생을 바쳐 만든 노하우를 그리 쉽게 전해줄 사람이 누가 있겠는가. 설령 있다 해도 호락호락 건네주지도 않을 것이다. 노하우도 쉽게 나눠 받기가 어려운데, 돈만 맡겨주면 알아서 크게 불려줄 사람이 누가 있겠는가.

자산가들의 투자 방법은 들을 때는 좋고 쉬워 보이지만, 막상 내가 실천해서 하루아침에 얻어낼 수 있는 것이 아니다. 그들도 오랜 세월 부지런히 성실하게 투자했기 때문에 그런 자산을 모을 수 있었고, 그 과정에서 많은 실패와 성공을 반복하는 꾸준함도 있었을 것이다. 성공한 자산가들에게 실패가 없었을 리 없다. 기억하자. 나에게 이유 없는 호의를 베푸는 사람은 부모님밖에 없다.

반복할 수 있는 투자만 성공한다

부지런함과 성실함의 실체는 '반복'이다. 투자는 긴 호흡으로 자기 상황에 맞게 규칙적으로 해야 한다. 공부하고 실천해야 한다. 그렇게 해도 실패할 수 있다. 그러나 이러한 실패는 절대 부끄러운 것이 아니다. 실패해도 다시 도전해야 한다.

세계적인 투자 귀재들 역시 실패한다. '오마하의 현인'으로 불리는 세계적인 투자 귀재 워런 버핏은 2006년 대한민국의 대표 철강 회사 포스코를 매수했다. 그는 당시 포스코를 '경이로운 철강 회사'라고 표현하며 큰 애정을 보였다. 버핏은 포스코의 주식을 2006년 19만 원 정도에 매수한 뒤 2014년 매도했다. 총 40% 이상의 수익을 냈지만, 연간 10%의 수익률과 장기 투자를 지향하는 워런 버핏의 투자치고는 초라한 수익이었다.

그의 절친인 찰리 멍거는 포스코에 투자하여 큰 손실을 봤다. 멍거는 2010년부터 2022년까지 12년을 투자했지만 수익률은 −50%에 달했다. 거의 반 토막이 난 것으로, 당시 멍거도 손사래를 치고 손절한 어려운 주식이라는 평가가 붙기도 했다.

그런데 재미있는 일이 발생했다. 이듬해인 2023년 포스코의 주가가 한때 76만 원을 돌파하기도 하며 급등에 급등을 이어간 것이다. 포스코는 2024년 4월 현재에도 40만 원대를 유지하며 2022년 대비 높은 가격을 유지하고 있다. 만일 멍거가 살아 있었다면, 굉장히 후회할 만한 투자로 꼽혔을 것이다. 이렇듯 세계적인 투자 귀재들도 투자에 당연히 실패한다. 그러니 주식 투자에 실패했다고 움츠러들 필요는 없다.

당연히 일확천금을 노리고 소위 '몰빵'을 해서 어렵게 모은 투자금을 모두 날리고 강제로 포기하게 되는 일은 없어야 한다. 그런 일이 아닌 실패는 피하기 어렵다. 대신 그 실패를 회복할 만한 성공을 다시 만들면 된다.

실패를 딛고 성공으로 가기 위한 제1원칙이 있다. 살아남아야 한다. 살아남으려면 투자는 하되 투기는 하면 안 된다. 투기와 투자의 차이는 무엇일까. 나는 이 차이를 주로 운동에 비유한다.

운동을 할 때 한 번에 엄청난 무게를 들어 올릴 수 없다. 꾸준히 근력을 키우고, 조금씩 무게를 올리면서 반복적으로 운동해야 한다. 그러다 보면 처음에는 들 엄두도 못 냈던 무게를 번쩍 올리게 되는 날이 온다. 운동을 반복하다 보면 자기만의 요령이 생긴다. 내 몸에 맞는 운동 방법을 찾게 되고, 또 함께 운동하는 사람들로부터 좋은 정보도 얻게 된다. 선수가 선수를 알아보면, 운동과 관련된 고급 정보와 기술들을 배울 수 있다.

신기하게도 투자도 똑같은 원리로 움직인다. 주식 투자를 하다 보면 누구나 급등주, 테마주의 유혹에 빠진다. 초심자의 행운이 있을 수 있다. 한두 번은 성공한다. 그러면서 스스로를 대견해하기 시작한다. "역시 나는 달라"라고 자기 최면을 걸며 또다시 급등주에 손을 댄다.

잘못된 성공이 일어나면 더 문제다. 더 큰돈을 넣었으면 수익금이 엄청나게 커졌을 거라는 아쉬움에 빠져든다. 그 아쉬움을 달래기 위해 큰돈을 넣기 시작한다. 돈의 액수와 조급함은 비례하고, 판단력은 반비례한다.

이러다 손실이 나도 적당히 빠져나올 수 있을 거라 생각했던 것들이 처참히 무너지며, 가진 돈의 거의 전부에 대한 손실을 경험하게 된다. 그제야 정신이 번쩍 들며, 다시는 이런 투자를 하지 말아야겠다고 다짐하게 된다.

실제로 나도 2012년 대선 테마주에 돈을 넣어 2009년부터 2012년까지 모아둔 목돈의 약 60%가량 손실을 본 경험이 있다. 그 뒤로는 테마주의 '테'자도 쳐다보지 않는다. 아픈 기억이지만 당시 상황을 복기해보자.

2012년 29살이었던 나에게는 약 3,000만 원의 현금이 있었다. 대한민국 28살 남자치고는 꽤 잘 모은 돈이었다고 생각한다. 남들보다 직장생활을 조금 더 빨리 시작해 월급을 차곡차곡 모은 피 같은 돈이었으며, 주식 투자를 통해 조금씩 불린 소중한 자산이었다.

어느 날 주변의 누군가가 이런 이야기를 들려주었다. 대통령 선거는 5년에 한 번 오는, 자산을 10배 늘릴 수 있는 기회라고. 대통령 후보들의 지지율에 따라 테마주에 투자만 잘해두면, 10배씩 오르고 부자가 될 수 있다고 했다. 혹하지 않겠는가.

사실인지 파악하기 위해 과거 패턴을 보니, 선거철마다 몇 배씩 뛰어오른 주식들을 볼 수 있었다. 내가 가진 3,000만 원의 10배면 3억이 될 것이다. 당시 거주하던 수원시 영통구의 집 한 채 가격이 2억 원 초반대였으니 정신을 혼미하게 만들기 충분했다. 솔직히 10배는 바라지 않았다. 딱 3배 정도만 벌어 1억 원만 만들어보자는 나름 현실적인 목표로 타협했다. 그때는 몰랐다. 이 주식들에 물리면 두뇌 회로가 어떻게 돌아갈지 말이다.

일단 모든 돈을 투자하기는 무서워서 천천히 해보기로 마음먹었다. A후보의 지지율이 강세를 보이고 있었지만, B후보의 지지

율 역시 빠르게 오르기도 했다. 그래서 많이 오른 A후보의 테마 주보다는 B후보의 관련 테마주를 공부했다. 그 가운데 소위 '대장주'라 불리는 C종목을 매수하기로 결정했다. 해당 종목은 정치와는 전혀 무관했고 인맥으로 요상하게 얽혀 있는 주식이었지만, B후보의 지지율이 이전보다 상승했다거나 이슈가 생길 때마다 용수철처럼 튀어 오르곤 했다.

일단 300만 원만 투자했다. 3번의 투자 모두 5% 이상씩의 수익이 났다. 크진 않지만 이익을 실현한 후 관망했다. 이제 자신감이 붙었으니 전부 넣어두고 크게 오를 자리에서 일단 2배만 실현하고 나오자고 마음먹었다. 기회가 온 듯했다. 갑자기 주가가 오르기 시작하면서 거래량이 폭발하는 시점에 3,000만 원과 수익으로 얻은 50만 원 전부를 현재가로 매수했다. 당일은 성공했다. 당시 상한가가 15%였는데, 해당 종목이 6% 정도 오르기 시작할 때 매수하며 상한가에 도달한 것이다.

가슴이 터질 듯 신났다. 친구들에게 괜히 전화하여 안부도 묻고, 술이나 한잔할까 하는 생각도 들었다. 잠도 설쳤다. 다음 날도 상한가에 가면 내 원금이 얼마나 되는지 계산하느라 바빴다.

다음 날 9시만을 기다렸다. 9시가 땡 치고, 해당 종목은 또다시 상승하기 시작했다. 눈으로 따라잡기 어려운 수준의 움직임이었지만, 5% 이상 급등하며 오늘도 상한가에 갈 수 있을 것만 같았다. 이틀 동안 400만 원 넘게 번 것이다. 직장인들은 알 것이다. 하루 종일 이걸 볼 수만은 없음을. 당시 나도 마찬가지였다. 오전에 오르는 주식을 보며 편안하게 웃으며 업무를 보고 있었다. 그리고 오전 업무가 대충 마무리되고, 점심을 먹으러 가려는데 해당 주식이 파란불이 되어 있는 것이다. 이게 무슨 일인가. 내 주식이, 내 재산이 왜 이렇게 되고 있는 것인지 의문을 품으며 각종 기사를 검색했지만 큰 이상은 없었다.

차익 실현 매물이 강하게 나온 것이겠지, 하며 일단 두고 보기로 했다. 하락하던 주가가 다시 올라오는 것 같이 보이던 찰나, 다시 급락하기 시작해 하한가로 곤두박질쳤다. 전일 수익을 냈던 가격보다 5% 이상 마이너스가 났다. 일단은 다음 날 올라갈 것이라는 헛된 기대를 품기로 했다. 종목 토론방과 각종 커뮤니티를 보며 나와 같은 사람들의 글을 통해 위로받기 시작했다. 내가 이 주식을 매수할 때 5% 이상 손실이 나면 일단 자르고 다시 관망하겠다던 모습은 사라진 지 오래였다.

다음 날이 되고 해당 주식은 10% 하락했다. 며칠간 잠시 반등과 하락을 반복한 뒤, 내 손실은 −40%를 넘어섰다. 이쯤 되니까 안 되겠다 싶어 해당 종목을 손절했다. 손절하고 나니 괜히 샀다는 후회와 이 손실을 어디서 복구할까에 대한 고민이 생겼다. 그런데 하루 이틀 지나니 또 급등하기 시작하는 것 아니겠는가. 지금이 과거 손실을 한 번에 복구할 수 있는 기회라는 말도 안 되는 확신이 들며 나도 모르는 사이에 매수 버튼을 눌렀다. 그리고 잠시 맛본 수익, 그 이후 또다시 −20%에 가까운 손실을 기록한 뒤, 이 투자를 멈추기로 마음먹었다.

최종 손실은 −60% 정도였던 것으로 기억한다. 3,000만 원이 1,000만 원 초반까지 내려오며 2,000만 원 정도가 허공에 사라진 셈이다. 지금 생각하면 아무런 공부도 없이 남의 말만 믿고 '대선 테마주'라는 것에 손을 댔고, 30%도 아닌 3배의 수익을 기대하며 요행을 바랐으니, 될 리 없었던 것이다. 그 이후 테마주는 쳐다보지 않는다. 기업의 가치에 비례한 투자를 하려 노력하고 있으며 주식뿐만 아니라 다양한 방법을 통해 분산 투자의 매력을 느끼고 있다.

앞에서 이야기한 '대선 테마주' 같은 경우는 설령 이익을 보았다고 해도 '반복'하기에는 리스크가 너무 크다. 반복할 수 없는 투자는 투자가 아니다.

투자처와 방식을 다양하게, 그리고 꾸준하게 경험해보는 것이 좋다. 주식, 부동산, 채권 등 다양한 투자를 해보고 부동산 중에서도 아파트, 상가, 빌라, 재개발, 다가구 등 다양한 곳들을 부지런하게 발품 팔고, 꾸준하게 경험한 뒤 스스로에 맞는 투자 성향을 잡아가야 한다.

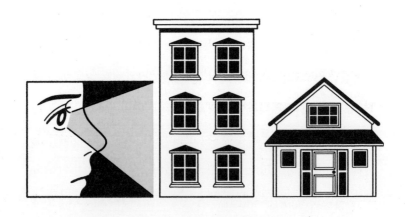

자기만의 투자 성향을 만들어라.
부동산 투자만 해도 방식이 매우 다양하다.
다양하게 알아보고 자기만의 성공 방식을 만들고 반복하라.

예컨대 나에게는 조금은 여유 있게 할 수 있는 부동산 투자가 맞는지, 시시각각 숫자가 변하는 주식 투자가 맞는지, 그리고 주식이나 부동산 하락장과 같은 위기에 버틸 수 있고 그것을 기회로 만들어낼 수 있는 성향이 있는지를 말이다. 남들이 좋다고 해서 직접 해봤는데, 막상 해보고 나니 생각보다 남는 게 별로 없어 다시는 하지 않게 되는 것들이 굉장히 많다.

나 개인적으로도 아직 성공한 자산가가 아니다. 성공하고 싶고 혹은 성공하게 될 사람이라 믿고 있다. 꾸준히 반복하는 투자 습관을 유지하려 하고 있다. 투자만이 아니라 기본적으로 어떤 일이든 성공은 부지런하게 반복하는 일에서 일어난다.

서정덕TV 채널이 성공한 것도 다른 비결이 없다. 남들보다 새벽 2시간 이상 일찍 일어나 준비하고, 남들이 하지 않는 것을 하면서 하루의 문을 연다. 매일 같은 시간에 부지런히 준비하고 소화하면서 축적되는 정보량이 방대해졌다.

그리고 어느 순간 유튜브 채널이 잘되면서 내 삶도 조금씩 바뀌기 시작했다. 유튜브 채널을 통해 사업을 하거나 광고를 받고 있지도 않다. 다만 이 채널을 직장을 다니며 혼자 꾸려간다는 것

자체를 높게 평가받기 시작했고, 기사만 작성하는 기자가 아니라 콘텐츠도 생성하여 양방향으로 대중과 소통할 수 있는 기자로 알려지기 시작하면서 몸값이 많이 오르기도 했다.

사람들은 흔히 경제지 기자니 처음부터 시청자가 많았으리라 생각하지만, 방송 초기에는 단 10명이 보던 채널이었다. 지금은 실시간 동시 접속자 수가 평균 1만 4,000명을 넘어선다. 이는 주식·경제 카테고리 가운데 부동의 1위이며, 대한민국 전체 채널의 실시간 동시 접속자 순위에서도 10~30위권을 오가는 수준이다.

내가 이렇게까지 하는 이유는 나 개인이 가진 특기가 부지런함과 꾸준함밖에 없다는 것을 잘 알고 있기 때문이다. 나는 지극히 평범한 사람이고, 내가 가진 재능은 누구나 가지고 있을 수 있다. 그 재능을 썩히느냐 이용하느냐의 차이일 뿐. 최소한 그것만이라도 확실하게 한다면, 분명 성공한 사람들의 반의반만큼의 성과는 낼 수 있을 것이라 믿었다.

CHAPTER 7

즐기지 말고
성취하라

"목표를 세우고 그에 집중하면,
성공은 자연스럽게 따라온다."

_일론 머스크(테슬라 CEO, 포브스 기준 현 세계 부자 3위)

성취감(成就感)은 사전적으로 "목적한 바를 이루었다는 느낌"을 의미한다. 최근에 제대로 된 성취감을 가져본 기억이 있는가. 기억을 더듬어봐도 별생각이 나지 않는가. 성취감이 자산가가 되는 데에 중요한 이유는, 성취감을 맛본 이들만이 하락장을 견디고 다시 도전할 수 있는 힘을 가지게 되기 때문이다.

통상 월급날만 기다리며 쳇바퀴 도는 듯한 하루하루를 보내는 사람들은 무언가를 성취하기보다는 주어진 삶에 만족하고 합리화하는 삶을 살고 있을 확률이 높다. 대다수가 현재의 생활 패턴을 유지하는 것도 쉽지 않아 한다. 현재 상태를 벗어나 무언가를 도전하는 일을 심적으로도 물리적으로도 어려워한다.

그러나 자산가가 되겠다는 것은 현재와 다른 상태로 나아가 겠다는 것이다. 자기 발전적 삶을 살겠다고 결심한 것이고, 현재의 상황에서 조금이라도 벗어나기 위해 어떤 선택을 한다는 것이다.

흔히 돈을 버는 일을 '행복해지기 위해'라고 말하는데, 그 내용을 들어보면 여행을 가고, 원하는 것을 사는 등 '즐기는 일'에 국한되는 경우가 많다. 돈을 모으는 일은 즐기는 일이 아니라 성취하는 일이다. 즐기는 것과 성취하는 것, 이 둘은 어떻게 다를까.

작은 성취부터 바로 시작하자

즐기는 일은 막연하다. 그러나 성취하는 일은 구체적이다. 예컨대 '더 많은 부를 쌓고 싶어'라는 건 그 부를 통해 '뭔가를 누리겠다'는 마음만 있다. 그러나 성취하겠다고 생각하면 목표가 구체적으로 바뀐다. '더 많은 부를 쌓기 위해 금융 지식을 쌓겠어'와 같은 생각이 드는 것이다. 전자의 경우는 소망하는 데서 끝날 확률이 높지만, 후자의 경우 다음 행동이 구체적으로 나올 수 있다. 재테크나 경제 관련 책을 사서 읽는다거나, 매일 경제지를 정독한다거나, 연관된 자격증 공부를 하는 등을 시도하게 된다.

성취감을 높이기 위해서라면 더 구체적이고 단기적인 목표를 잡는 게 좋다. 그래야 성취감을 빨리 맛볼 수 있고, 이를 바탕으로 다시 반복해서 도전할 수 있다. 대단하지 않은 목표라도 상관

없다. 300만 원을 투자하는 일이라도 충분히 훌륭하다.

성취할 수 있는 일은 주변 누구에게나 이야기할 수 있는 것이라면 더욱 좋다. 흔히 부를 쌓는 일을 감추는 경우가 많은데, 그럴 이유가 없다. 투기가 아닌 투자를 하겠다는 마음으로 자신의 자산 형성 능력을 높여가는 마음을 가진다면, 주변 사람들에게 작은 목표를 이룬 경험에 대해 이야기하는 것은 다음 행동으로 나아갈 동기 부여가 된다.

'돈 벌었다고 자랑하는 일'과 '성취하고자 하는 목표'를 이야기해보는 일은 분명 다르다는 것은 여기까지 책을 읽었다면 이해하고 있으리라 생각한다.

투자는 마라톤이라고 한다. 이 말을 지루하고 긴 싸움이라 생각하지 말고, 이렇게 이해해보면 어떨까. 처음부터 42.195km라는 목표를 단번에 이루는 사람은 없을 것이다. 마라톤을 뛰기 위해서는 집 주변 공원 뛰기, 퇴근길에 가볍게 뛰기 등 실천 가능한 일부터 할 것이다. 그러다 점점 2km, 5km, 10km, 하프코스, 풀코스 식으로 도전해가다 보면 어느새 42.195km에 다다를 수 있다.

50억 자산가가 되는 일도 마찬가지다. 처음부터 10억을 버는 일은 사업을 해서 성공하지 않는 이상 쉽지 않다. 사업에 소질이 있고 목표가 있는 이들은 도전해볼 수 있겠지만, 자신의 본업이 있는 평범한 이들이라면 여러 분산 투자를 통해 작은 성취를 하나씩 이루어가면서 큰 목표에 다가가는 방법을 써야 한다. 그러기 위해서는 '해내는 맛'이 있어야 한다. 한 번 투자에서 이익을 얻었는데, 그다음에 손실을 연속으로 겪고 나면 누구라도 투자하기가 싫어질 것이다.

마라톤 이야기가 나와서 하는 말인데, 성공한 자산가들 중에는 운동을 꾸준히 하는 이들이 상당히 많다. 건강 관리나 체형 관리를 위해서가 아니라, 그 운동에서 아마추어 이상의 실력을 가지려고 노력하는 이들이 많다. 운동을 통해 오는 자신감이 자신의 다른 생활에도 영향을 미친다는 것을 본능적으로 아는 것이다.

자산가들이라고 모두 고급 스포츠만 즐기는 것은 아니다. 의외로 달리기와 같은 단순한 운동을 선택하는 이들이 꽤 된다. 이런 운동은 돈이 크게 들지 않고, 아니 도리어 돈을 절약하게 만들면서 체력은 물론 외모까지 달라지게 하는 강렬한 성취감을 준다. 이런 것까지 해야 할까 싶겠지만, 자산가가 되려면 성공한 이들을 따라 하라 했다. 운동은 손해를 발생시키는 일도 아닌데 하지 못할 이유가 없지 않은가.

분할매수, 분할매도의 정신으로

운동에 대한 이야기로 잠깐 빠졌지만, 투자에서 분할매수가 중요한 이유도 바로 성취감 때문이다. 분할매수는 주식 투자를 하지 않는 사람도 알고 있는 단어지만, 실제로 이를 제대로 하는 사람이 드물다.

흔히 주식 투자를 하면 한 방에 큰돈을 벌 수 있을 거라 생각한다. 구체적으로 실현이 가능해 보이기도 한다. 증시 마감 뒤 결과물을 바라보고 있노라면, 30%씩 올라간 종목들 가운데 내가 알고 있는 것들이 눈에 띄기 마련이다. 전 재산을 털어서 어제 그 종목들을 사고 상한가에 팔았다면? 오늘 나는 30%의 수익을 얻을 수 있었을 텐데…. 이렇게 막연히 가정한다. 게다가 벌써 30%의 수익이 발생했는데, 이 돈이 다음 날 또 30% 수익을 내면 세상에, 도대체 얼마를 벌 수 있단 말인가!

여담이지만 이런 식으로 최고의 수익률만을 가정하다 보면, 우리 모두 이미 시그니엘 혹은 한남더힐에 살면서 최고급 세단을 몰고 있을 것이다. 이런 망상은 빨리 떨쳐야 한다. 안타깝게도 현실은 절대로 그렇지 않기 때문이다. 주식 투자를 해봤다면 30% 상승한 종목을 갖고 있더라도, 다시 떨어질까 봐 팔아야 할지 말아야 할지 고민만 반복했던 경험이 다들 한 번쯤 있을 것이다.

주식 투자의 경우 분할해서 매수하고, 분할해서 매도하는 습관을 들여야 한다. 모두가 이렇게 이야기하지만, 누구나 이런 이야기를 하고 너무나 쉬워 보이는 방법이기에 막상 실천하는 사람은 그리 많지 않다는 게 함정이다. 분할매수와 분할매도 경험을 통해 수익을 극대화하는 성취감을 얻은 경우와 그렇지 못한 경우는 투자를 대하는 태도가 아예 다르다.

다음의 예를 보도록 하자. A종목은 10만 원 부근에서 오르기 시작한 뒤, 11만 원 위에서 잠시 머문 뒤에, 하락하기 시작해 6만 원 중반대까지 떨어진다. 이후 반등하여 다시 10만 원을 회복하고 11만 원을 향해 가고 있다. A라는 종목을 1, 2, 3번이 각각 1,000만 원의 자금으로 매수했다.

	1	2	3
주식 매수 내역	10만 원 × 100주	10만 원 × 20주 11만 원 × 10주 10만 원 × 10주 9만 원 × 10주 8만 원 × 10주 7만 원 × 10주	8만 원 × 120주
평단가	10만 원(100주)	92,857원(70주)	8만 원(120주)
현금 보유액	0	350만 원	40만 원

1. 초기 상승 구간에서 10만 원에 100주를 매수

   평단가 10만 원에 100주, 1,000만 원 전액 매수

2. 10만 원에 20주를 매수, 11만 원에 10주 매수, 10만 원에 다시 10주 매수, 9만 원에 10주 매수, 8만 원에 10주 매수, 7만 원에 10주 매수

평단가 9만 2,857원 70주, 350만 원 현금 보유

3. 하락 시기에 8만 원에 120주 매수

평단가 8만 원에 960만 원 매수, 40만 원 현금 보유

평단가로만 보면 3번이 가장 낮고, 2번, 1번 순서다. 하지만 A
라는 종목의 움직임을 주목해야 한다.

1번은 초창기 매수했기 때문에 11만 원까지 급격히 올라가
는 과정에서 잠시 행복을 느꼈을지 모르지만, 소위 '몰빵'을 쳤
기 때문에 10만 원으로 돌아온다. 이후 하락을 거듭해 6만 원대
까지 가면서 심각한 불안감에 휩싸였을 것이다. 시쳇말로 '존버'
하며 버텼다면 본전 이상은 왔겠지만, 심리적으로 버티지 못하
고 손해를 보며 매도했다면, 혹은 그렇게 할 수밖에 없는 상황이
었다면(전세금, 대출금 등의 투자) 경제적으로도 심적으로도 타격이
커진다.

2번은 6만 원이 되면 10주를 더 사려고 오히려 기다리고 있었
는데, 다시 회복세를 보이면서 현재 수익 구간에 안정적으로 접
어들었다. 수익률도 나쁘지 않다. 주식 수를 늘릴 것인가, 혹은

분할매도로 일부 수익을 실현할 것인가를 고민하는 시기다.

3번은 본인이 원하던 가격대에서 잘 샀다고 생각했지만, 6만 원대까지 빠지는 것을 보면서 1번보다 불안감이 더 커질 수 있다. 주식 시장에서 하락 종목을 사게 되는 경우, 본인의 기준선보다 내려가면 심리적으로 위축되는 정도 또한 커질 수 있다. 3번이 바로 그 경우에 해당한다. 특히 전액 투자하는 '몰빵' 투자를 했기에, 7만 원대로 내려간 뒤 6만 원대까지 하락하는 것을 지켜보기 어려웠을 수 있다. 버텼다면 다행이지만, 실제로 못 버티고 '손절'한 경우가 1번보다 더욱 많은 게 3번의 경우다.

수익만 놓고 보면 3번이 높을 수 있으나, 그것을 감내하고 버티며 수익을 안정적으로 낼 수 있느냐는 개인 역량에 따라 달라질 수 있다. 2번처럼 분산 투자를 하는 경우 수익의 크기는 다소 적을 수 있다. 하지만 꾸준하게 투기가 아닌 투자를 할 수 있고, 비교적 수익을 낼 수 있는 확률 또한 높아진다.

매수는 기술, 매도는 예술이라 한다. 수익이 난 경우 언제 매도할지에 대한 고민이 가장 커진다. 3번이 A종목을 비교적 낮은 가격(8만 원)에 '몰빵' 했고 운 좋게 11만 원까지 들고 갔다고 가정해보자. 단순하게 계산해도 수익률이 40%에 육박한다. 이러면 슬슬 팔고 싶어지는 사람들이 생긴다. 그런데 이걸 팔고 나면 왠지 더 올라갈 것 같은 불안감에 휩싸인다.

그래서 기다리기로 결심한다. 11만 원에서 12만 원까지 갔던 주가가 갑자기 하락하기 시작한다. 다시 11만 원으로 돌아왔지만, 팔지 않는다. 10만 원이 되는데도 팔지 않는다. 12만 원을 구경했기 때문에 2만 원의 손실이라고 느끼기 시작한 것이다. 이 종목은 9만 원대까지 내려온 뒤 앞자리가 다시 8만 원으로 바뀌려고 한다. 그때 3번은 결정한다. 이 수익이라도 챙기기로. 매도 버튼을 자신 있게 누른 뒤, 수익을 10% 정도 냈노라며 자기 위안을 한다.

투자자들은 내가 판 종목이 내려갈 때 가장 큰 희열을 느낀다고 한다. A종목이 8만 원 밑으로 내려갔다면 가장 행복할 테지만, 3번의 바람대로 움직이지 않는 경우가 많다. A종목은 다시 오르기 시작해 11만 원대를 결국 회복한다.

3번은 속쓰림이 깊어지면서 복수혈전을 다짐한다. 움직임을 잘 알고 있다고 생각하고, 이성보다는 감성이 앞선 채로 A종목

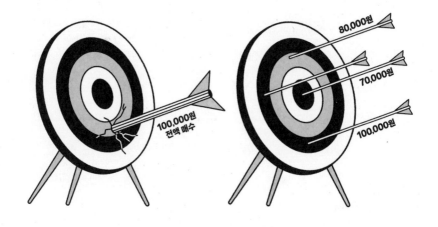

큰 이익 한 방을 노리는 시대는 지났다.
작은 성취를 만들어가는 습관을 들여야 투자의 프로가 된다.

을 매수하며 상당히 고점에서 평단가를 형성하고 손실 구간을
겪는다.

대다수가 3번과 같은 경험을 해봤을 것이다. 우리가 간과하는
것이 있다. 고점은 누구도 알 수 없다. 이를 알면서도 우리는 비
슷한 실수를 반복한다. 인간이기 때문이라고 치부하기에는 내
돈이 사라질 수도 있기 때문에 너무나 뼈아프다.

그렇기에 매도 역시 분할로 해봐야 한다. 가령, 3번이 11만 원

대에서 가진 주식의 20% 혹은 20주씩 매도하고, 5,000원 상승할 때마다 10% 혹은 10주씩 매도했다고 가정해보자. 11만 원에서 20주, 11만 5,000원에서 10주, 12만 원에서 10주를 매도하여 총 주식 수는 80주로 줄어들게 된다. 455만 원의 수익금과 40만 원의 현금을 포함해 수중에 사용 가능한 금액은 495만 원으로 늘어나게 된다. 하지만 여전히 80주를 보유하고 있다.

이후 주식이 하락하자 다시 5,000원 구간마다 10주씩 매도하여 10만 원 구간까지 올 경우 11만 5,000원에서 10주, 11만 원에서 10주, 10만 5,000원에서 10주, 10만 원에서 10주씩 총 40주를 매도했고, 430만 원의 수익금이 더 생겼다. 고점에서 팔지 못했고 10만 원까지 주가는 내려왔지만, 이제 보유 주식 수는 40주이며, 925만 원의 현금이 수중에 있는 것이다.

3번의 매도 평균 단가는 110,625원 수준이며 수익률[이익 실현금(885만 원)+현재 주식 평가액(400만 원)]은 투입 금액(960만 원) 대비 33.8%에 달한다. 현재 보유 금액(현금 40만 원 포함한 1,325만 원)에 원금(1,000만 원) 대비 단순 수익률을 계산해봐도 32.5%가 나온다. 이 경우 심지어 투자 원금(960만 원)은 거의 회수했는데, 수

	주식 가격	보유 주식 수	주식 평가액	현금 보유액
	80,000	120	9,600,000	400,000
매도 1	110,000	-20		+2,200,000
매도 2	115,000	-10		+1,150,000
매도 3	120,000	-10		+1,200,000
매도 4	115,000	-10		+1,150,000
매도 5	110,000	-10		+1,100,000
매도 6	105,000	-10		+1,050,000
매도 7	100,000	-10		+1,000,000
현재	100,000	40	4,000,000	9,250,000

중에 40주(평가액 400만 원)의 주식까지 남아 있다. 해당 보유 주식(40주)가 다시 오르면 수익률은 높아지고, 8만 원 이하로만 떨어지지 않는다고 가정하면 대다수 원금은 보장되는 것이니, 객관적으로 주식을 운용할 수 있다.

주린이 때부터 제대로 된 습관을

이런 성취감을 느낄 수 있는 투자의 습관을 주식 입문 단계에서부터 들여야 한다. 여기서는 특히 '주린이'들에게 도움이 될 이야기를 모아보도록 하겠다. 우선 주식 입문자의 경우 초기에는 투자 규모를 크게 하지 않아야 한다. 일정 금액을 정해놓고 투자하되, 반 토막이 인생에 큰 어려움을 주지 않을 정도의 금액이어야 하며, 사라지면 기분이야 나쁘겠지만 충분히 수업료 개념으로 낼 수 있는 정도여야 한다.

내 예를 들어보자면, 최초 주식 투자는 2004년도에 했지만 그 당시에는 주식 투자라고도 할 수 없는 수준이었다. 본격적으로 주식 투자를 시작한 것은 2008년도인데, 당시 첫 투자의 금액을 한 달 월급의 1/2로 잡았다. 월급의 절반 정도면 없어져도 다음 달에 충분히 복구할 수 있다고 판단했다. 이 정도의 돈이라도 자금을 나눌 수 있고, 중장기 투자를 할 수도 있고, 주도주 위주의 투자도 가능하다.

처음에 나는 보통 급등주 혹은 시장 주도주를 찾아다녔다. 돈을 크게 불려보겠노라며 테마주와 시장의 급등주, 시가총액 상위 종목 가운데 많이 내린 종목들 위주로 공략했다. 이렇게 해보는 것을 권하는 편이다. 하고 싶은 투자, 생각했던 투자를 처음에는 마음껏 해보는 것이 좋다. 100만 원 정도의 금액으로 하루 용돈 2만 원 정도는 벌 수 있겠지만, 큰돈을 불리기가 생각보다 쉽지는 않음을 금방 깨닫게 된다.

그걸 깨닫고 나면 다양한 투자와 다양한 종목에 대해 접근해보는 것을 시도하자. 큰돈 번다는 생각은 잠깐 미뤄두자. 이때도 적은 자금으로 시도해보자. 잃어도 공포에 질리지 않을 정도의 금액으로 해야 투자 습관이 든다.

시장에 참가하지 않고 관망하며 공부만 한 뒤, 공부가 마무리된 뒤에 진입하는 것은 어떠냐고 묻는 이들이 많다. 크게 도움이 되지 않는다. 바라보는 시장과 참여하는 시장은 하늘과 땅 차이기 때문이다. 내 돈이 들어갔나 아닌가는 심리적 요소가 크게 작용해 종목을 바라볼 때 시선도 달라질 수 있고, 휘둘리는 정도도 달라진다. 그렇기에 초기에 단맛도 쓴맛도 느껴보길 권유하는 것이다. 그리고 이 단계를 거치면서 초심자들이 많이 하게 되는 클릭 실수 혹은 터치 실수도 많이 사라지게 될 것이다.

이런 투자를 몇 달간 하다 보면 아쉬움도 있고 깨달음도 얻게 된다. 이때 조심해야 한다. 10% 수익이 날 때 내 투자 원금이 100만 원이 아니라 1,000만 원이었다면 얼마나 좋았을까 하는 착각에 빠지면 안 된다. 이것은 착각이라고 자신 있게 이야기할 수 있다. 자금의 규모가 적을 때는 심리적으로 여유가 있기 때문에 10%까지 기다리기도 한다. 그런데 1,000만 원 정도가 되면 (사람에 따라 다르지만) 3%만 올라도 팔고 싶어질 수 있다. 1,000만 원에 3% 수익은 30만 원이다. 하루 30만 원이면 꽤 괜찮은 금액 아니겠는가. 그래서 나만의 수익률을 정해놓는 것(예컨대 10% 등)도 필요하며, 수익 금액을 정해놓는 것(예컨대 100만 원)등이 필요하다.

한마디로, 다양한 투자로 적절한 수익을 달성한 후에 정해놓은 수익 구간에서 매도를 하게 되는 습관을 들여야 한다는 것이다. 그리고 이 습관이 들 때쯤이면 주식 시장의 맛을 보고, 프로그램 사용 등도 익숙해지고 용어가 익숙해진 후일 것이다. 이때부터 금액을 2배 정도씩 늘리기를 추천한다.

하다 보면 내가 잘 아는 종목 혹은 업황이 생긴다. 시쳇말로 케미가 잘 맞는 섹터가 생긴다. 그렇다면 그쪽을 공부하며 자금 규모를 조금씩 늘리자. 그러나 염두에 두어야 할 사실이 있다. 자금 규모가 늘어나면 수익이 늘기도 하지만 손실 역시 커지기 때문에, 힘들게 번 수익금을 하루 이틀 사이에 다 까먹는 상황을 경험할 수도 있다.

종목은 많이 가져가지 않는 게 좋다고 본다. 10개나 20개씩, 많게는 30개 이상의 종목을 매수한 뒤 하나만 오르길 바라는, 소위 종목 백화점식 투자가 있다. 종목이 많아지면 관리가 힘들다. 내가 왜 투자했는지, 언제 투자했는지, 혹은 평단가가 얼마였는지도 기억이 나지 않는 종목들이 생긴다. 사람마다 경험에 따라 종목 관리 개수 차이는 있겠지만, 양 손가락으로 셀 수 없을 정도의 종목 수는 관리 측면에서 그리 좋아 보이지는 않는다.

현금을 가지고 있어야 한다는 가르침도 항상 기억하자. 앞의 사례에서 봤다시피 현금을 가진 자와 가지지 못한 자의 차이는 크다. 인플레이션이 강해지고 자산 가격이 상승하는 시기에는 현금이 무의미할 것이다. 그러나 반대의 경우도 항상 생각해야 한다.

주식 투자에 왕도는 없다. 나만의 방법을 찾으며 높은 확률에 배팅하는 것이다. 이 과정에서 분할매수, 분할매도를 통해 수익을 경험하며 성취감을 얻어본 사람들은 안정이라는 성취감을 동시에 경험하며 한 발 한 발 나아갈 수 있다. 이런 습관이 들면 자산 역시 차근차근 쌓이게 된다.

CHAPTER 8

긍정 마인드와
근자감을 구분하라

"투자의 기본은 '투자를 이해하라'이다."

_워런 버핏

경기가 어려우면 투자 시장도 쉽지 않게 느껴진다. 재산을 증식시키기 위해 감수해야 하는 리스크도 더 크게 느껴진다. 개인적으로 투자를 보수적으로 하는 편이지만, 보수적이고 안정적인 투자를 하는 것과 부정적인 생각에 사로잡히는 것은 다르다. 특히 지금부터 투자와 자산 형성에 관심을 가질 사람들이라면 아무리 경기가 어려워도 긍정적 마인드를 잃지 말아야 한다.

부정적인 것에만 꽂히는 사람들

주식 투자에서 돈을 날려본 사람들 중에는 자신의 투자 방법이 잘못되었다는 생각은 하지 않고, 주식이라는 단어만 들어도 치를 떠는 사람들이 있다. 한번 이 마인드를 갖게 되면 각종 부정적인 이야기만을 골라서 듣기 시작하고 자기 상황을 그 부정적 상황에 끼워 맞추기 시작한다.

투자 후에 하락할 것 같아 안 좋은 이야기만 새겨듣고 미리 팔았다. 그런데 아니나 다를까 그 종목이 하락한다. 역시 내 안목이 맞았다며(떨어질 줄 알았으니 팔아서 다행이다) 마음의 위안을 얻는다. 그런데 눈을 옆으로 돌려보면 상승하는 종목들이 있다. 자, 당신이 돈을 벌려고 한다면 '내려가는 주식'이나 '하락하는 집값'을 보면서 안도해야 할까.

허황된 투자는 경계해야 하지만 리스크에만 집중하는 부정적 태도도 문제가 있다. 무엇보다 이러한 태도는 상승장에서 너무 적은 수익을 가져오게 된다. 내가 가진 자금을 장기성 자금, 중기성 자금, 단기성 자금 등으로 나눠 투자한다고 가정해보자. 단기성 자금에서 조금의 수익을 추구하는 것은 당연하다.

그런데, 중장기 자금을 운용하는 입장이면 어떨까. 1년에 최소 30% 정도의 수익을 기대하며 투자한 사람이 짧은 시간에 5% 수익만 나면 불안해진다. 온갖 부정적인 정보에 겁을 먹게 된다. 이러다 한두 번 투자한 기업에 대한 잘못된 확신으로 상대적으로 적은 수익을 얻게 되면, 결국 그 놓친 수익을 얻기 위해 무리한 투자를 감행하게 된다. 결국 벌어놓은 수익도 모두 잃게 되는 경우가 많아진다.

부동산도 마찬가지다. 코로나 시국을 떠올리면 쉽다. 2020년 꾸준히 오르던 부동산 시장이 잠시 부침을 겪기 시작했다. 코로나 팬데믹으로 인해 기업들이 어려움을 겪고, 전 세계가 겪어본 적 없는 '멈춤' 상태로 돌입하게 됐다. 부동산 역시 집을 보여줄 수도, 보러 갈 수도 없는 상황이 되며, 이제 하락할 것이라는 이야기가 강하게 등장하기 시작했다. 하지만 부동산 파고를 겪어본 사람들은 유동성 공급이 얼마나 큰 이슈인지를 알고 있다. 그들은 집을 보지 못하는 것과 기업이 잠시 일손을 놓고 멈추는 것보다는, 전 세계 중앙은행들이 앞다퉈 금리를 인하하는 상황을 예의 주시했다. 이들은 일시적 멈춤 현상은 곧 해소되고, 초저금리와 돈 풀기로 인해 돈의 가치는 하락할 것이며, 대한민국의 부동산, 특히 수도권 부동산 가격이 상승한다는 데에 배팅했다.

반면 어떤 사람들은 부정적인 요소에만 꽂히기 시작했다. 기업의 생산 가치는 떨어질 것이며, 코로나 시국이 오래될수록 삶이 팍팍해지며 수년간 꾸준히 오른 부동산도 제자리를 찾아갈 거라고 말이다.

결론적으로 보면 초저금리로 인해 대출을 일으키는 데에 소요되는 비용이 현저하게 줄어들었고, 막대한 유동성 공급으로 인해 갈 곳 없어진 돈은 코인과 주식, 그리고 부동산 시장의 상승을 만들었다. 그 결과 당시 부정적인 이슈에 내 집을 급하게 정리한 사람들, 내 집 마련을 미룬 사람들은 하락기가 접어든 이 시점에도 여전히 어려움을 겪고 있을 확률이 높아졌다.

결론부터 이야기하면, 긍정적 마인드와 어느 정도의 위험을 견딜 수 있는 정도의 여력만 있다면 주식이든 부동산이든 하락장이 마무리된 후 수익을 극대화시킬 수 있다. 2008년 리먼 사태가 촉발한 세계 경제 위기, 2020년 코로나 위기 등을 돌이켜보면 증시의 급락기는 그리 길지 않았다. 특히 코로나 시국에는 하락기가 1개 분기에 그쳤으며, 그 급락 기간을 버텼거나 그 기간에 나눠 투자한 사람들은 큰 수익률을 거둘 수 있었다. 이를 A, B, C 세 사람의 투자 예시를 들어 자세히 살펴보자.

A: 8만 원에 매수한 'D' 종목이 4만 원까지 하락하는 것을 보면서도 버텼다. 그리고 현재 20만 원 정도의 가격을 유지하고 있다.

B: 8만 원에 매수한 'D' 종목이 하락하는 것을 보며 결국 5만 원 부근에서 매도했다. 주변에서 하락이 깊어지며 기업들이 도

산할 수 있고, 해당 종목은 2만 원 부근까지 빠질 수 있다는 말에 귀를 기울였다. 그리고 2만 원이 가면 재매수를 하려고 했지만, 매도한 지 얼마 되지 않아 다시 반등을 시작했고, 결국 20만 원이 될 때까지 재매수는 하지 못했다.

C: 8만 원에 매수한 'D' 종목이 빠지는 것은 일시적이라 판단하며 급락하는 시기마다 현금을 1만 원씩 추가로 투입하며 평균 매입 단가를 5만 원 중반대로 맞췄다. 10만 원이 넘어서는 순간 매도하며 6개월 만에 100% 정도의 수익을 달성하였다.

당시를 되짚어보면 의외로 하락장은 길게 가지 않았고, C는 6개월 만에 100% 이상의 수익을, A는 3년간 200% 이상의 수익을 가져갔다. 다만, B는 주변에서 이야기하던 극단적 상황이 오지 않으면서 60% 이상의 손실만을 확정 짓게 되었다.

이미 언급했듯 하락장은 생각보다 그리 길지 않다. 2~3년 갈 것처럼 보이지만, 실제로는 그보다 짧은 기간 안에 마무리된다. 그 하락장이 끝나면 손실은 어느 정도 복구되며, 공부가 잘되어 있었다면 운용의 묘를 살려 오히려 수익을 키울 수 있는 기회로 만들 수도 있다.

사실 실제로 투자를 해보면 하락장이 길지 않다는 것을 이론적인 설명으로 들었지만 쉽게 와닿지 않는다. 나는 하락장을 직접 경험해보는 것이 좋다고 생각한다. '굳이 그것을 경험해 봐야 할까?'라고 묻는다면 간접적인 경험을 해봤다고 생각해보는 것도 좋은 방법이다.

최근의 경기 하락은 우리에게 새로운 일일까? 우리는 이미 하락을 경험한 바 있다. IMF를 경험했고 리먼 브라더스발(發) 세계 부동산 위기를 경험했다. 최근에는 코로나에는 팬데믹으로 인한 경제 위기도 경험했다. 곰곰이 돌이켜보면, 그리 기간이 길지 않았다. 생각보다 길지 않은 시간에 경제 위기는 극복되었다. 물론 저출산과 고령화로 이번에 오는 경기 위기가 최악일 거라는 전망도 있다.

그러나 전체적인 하락세 중에도 회복하는 기간이 있고, 하락세의 기울기가 완화될 때가 있다. 이럴 때는 과거 경기 하락세의 세부 내용을 조금 더 깊게 파악하면서 접근하면 된다. 주식 투자라면 해당 기간의 코스피 흐름을 기록한 차트 혹은 S&P500 차트를 띄워두고 경제 위기가 시작된 시점부터 반등하기 시작한 시점을 파악하면서 세부 내용을 정리하는 것이다.

부동산의 경우 하락장이 지속된 기간과 반등이 시작된 기간, 이유 등을 스스로 정리해보면 좋다. 이것을 모두 경험하며 자본 시장에서 투자를 한 사람의 이야기를 들으면 더 쉽게 이해될 수 있다. 서정덕TV를 통해 접할 수도 있고, 각종 명사들이 출연하는 콘텐츠를 검색해도 쉽게 얻을 수 있다.

세상이 좋아졌기 때문에 콘텐츠를 접하고, 그 과정에서 스스로 학습한 과거의 패턴을 읽을 줄 아는 능력을 더하기만 하면 되는 것이다. 휘둘리지 않을 정도의 멘털. 남에게 의존하는 투자가 아닌 나름의 기준이 있는 투자, 이것들을 갖추려고 노력할 때이지 부정적인 생각에 사로잡혀 다가올 좋은 기회를 지나쳐버릴 일이 아니다. 수익을 얻는 방법에는 언제나 매우 단순한 진리가 있다. 싸게 사서 비싸게 파는 것이다. 그것도 최대한 수익률을 높여서.

복리 효과를 찾아다녀라

부정적인 부분에 집중하는 사람들의 경우 중 이런 사례가 생각난다. 최근에 받은 댓글 중에 "에코프로 그룹주는 저배당이다"라는 다소 따지는 듯한 내용이 있었다. 이 댓글을 받은 당시의 방송 내용은 공매도(空賣渡)와 관련된 것이었다.

공매도란 주식을 갖고 있지 않은 상태에서 향후 주가가 하락할 것으로 예상되는 종목의 주식을 빌려서 매도 주문을 한 뒤, 실제로 주가가 하락하면 하락한 가격(싼값)에 되사들여 빌린 주식을 갚아 차익을 얻는 매매 방법이다.

예를 들어 A종목 주가가 1만 원이고 주가 하락이 예상되는 경우라고 가정해보자. A종목 주식을 갖고 있지 않더라도 일단 1만 원에 공매도 주문을 한다. 그리고 실제 주가가 8,000원으로 하락했을 때 A종목을 8,000원에 다시 사서 주식만을 갚아 2,000원의 시세차익을 챙기는 것이다. 공매도는 하락장에서 수익을 내기 위한 투자 기법으로 알려져 있다. 단, 하락을 예상한 주가가 반대로 상승하게 되면 손실이 무한대로 증가할 수 있으며, 연말 배당금 등을 함께 갚아야 할 수 있다. 주식현물 배당의 경우

세금에도 용이한데, 주가 기준이 아니라 액면가×주식 수를 통해 배당 금액이 설정되어 있어 세금 부담이 덜어질 수 있다. 반대로 공매도 세력에게는 주식 자체를 갚아야 하기 때문에 불리할 수 있다.

에코프로의 경우 매년 주식현물 배당을 하고 있다. 때문에 그 금액이 크지 않지만 주주들에게는 세금 부담이 적다는 이점이 있다. 반면 공매도 세력에게는 주식으로 배당된 것까지 갚아야 하는 부담이 생길 수 있다. 이게 그날 방송의 내용이었다.

'에코프로 그룹주는 저배당'이라는 질문은 그저 배당 자체가 적다는 부분에 방점을 찍고 물은 것이었다. 내가 전달한 내용은 성장주이지만 주식현물 배당을 하고 있으며, 반대 입장에서 보면 부담이 될 수 있다는 것이었다. 하지만 질문하신 분은 고배당, 저배당 중에서 저배당에만 꽂혀 있는 것이다. 내가 말하는 부정적 사고는 성격이 비관적이라는 걸 말하는 게 아니다. 똑같은 정보에서도 부정적인 부분의 영향력을 더 크게 생각하는 사람을 말하는 것이다.

성공한 자산가들은 언제나 부정적인 부분보다는 긍정적인 부분을 보고자 한다. 만약 실패하더라도 '이건 원래 안 되던 거였 어'라고 생각하지 않고, 실패 속에서도 건질 수 있는 긍정성을 찾 고, 다시는 같은 실패하지 않을 방법을 찾는다.

자산가가 되는 길도 그러하다. 10번의 기회에서 안 되는 이유 만을 생각한 사람과 되는 이유를 찾아 끊임없이 움직인 사람의 결과는 다를 수밖에 없다. 그 결과는 자산의 규모로 나타나며, 복 리 효과에 따라 시간이 흐를수록 차이가 날 수밖에 없다.

복리 효과를 중요시하라는 이야기를 수없이 들었을 것이다. 복리는 마법이다. 혹 몰라서 여기서 단리와 복리를 간단하게 설 명하겠다. 단리는 투자 원금에 일정한 이자율로 이자를 계산하 는 방식이다. 복리는 매년 원금에 이자를 합쳐 이자가 다시 계산 되는 방식이다.

다음 그래프에서도 알 수 있듯, 투자 초기에는 단리와 복리의 차 이가 크게 나지 않는다. 그런데 시간이 지나면 지날수록 단리와 복리의 차이는 벌어지게 된다. 주식 투자는 복리 효과를 기본으 로 깔고 간다. 특정 수익률이 발생하고, 원금과 이자가 재투자되 는 방식이기 때문이다. 가령 1만 원짜리 주식이 3% 상승하면 1만 300원이 된다. 여기에 3% 상승이 이어진다면 1만 609원이 되

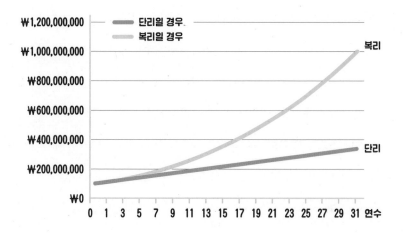

며, 3% 상승을 더 하게 된다면 1만 927원이 된다. 이 경우 총 9%가 아닌 9.27%가 오른 셈이다. 그래프에서 보면 그 상승 폭은 기하급수적으로 커질 수 있다.

특히 주식 시장은 기간을 정해두고 하는 투자가 아니기에, 3년 복리 3%의 수익률이 단 3일 만에도 가능하다. 물론 하락할 때를 가정해야겠지만, 1년에 3% 복리가 아닌 여러 번에 걸쳐 다양한 %로 상승이 일어날 수 있고, 그 경우마다 복리 효과가 적용될 수 있다.

다소 극단적인 예를 들어보자. 주말과 공휴일을 제외하고 연중 대략 230일 정도 주식 시장이 열린다고 가정할 때, 매일 1%

의 평균 수익을 얻을 수 있다면 기대 수익은 얼마나 될까. 100만 원을 원금으로 투자했을 때, 1%의 230거래일 복리를 일일이 계산하면 986만 원이 나온다. 약 9.9배의 자산 증식이 일어난 것이다. 2%일 때는 100만 원이 9,507만 원이 되며 95배 넘게 늘어난다. 3%일 때는 8억 9,651만 원이 되며 4%씩 매일 복리 수익을 거둔다면 82억 7,901만 원으로 불어나고, 5%만 된다면 무려 747억 3,693만 원이 된다.

물론 이런 일이 발생할 확률은 제로에 가깝다. 이러한 투자를 성공시킬 수 있는 사람도 없고, 하락의 경우도 당연히 가정해야 한다. 여기에서 말한 건 복리의 위력이 어느 정도인지 보여주기 위해서이다. 물론 이런 산술적 수치만 보고 당일 복리를 얻을 거라는 함정에 빠지는 일은 당연히 없어야 할 테지만, 반대로 이야기하면 과도한 수익률을 노리지 않고 투자를 진행한다면 복리의 수익을 낼 수 있고, 기간도 단축할 수 있는 투자가 될 수 있다.

모든 종목에 해당하지 않지만, 주식은 배당금을 지급한다. 최근에는 반기나 분기 배당도 늘어나는 추세다. 지급받은 배당금을 재투자한다면 복리를 통한 수익 상승 속도는 더욱 빨라지게 되는 것이다.

이러한 복리 상품은 비단 주식에만 해당하지는 않는다. 안정적인 복리 금융상품을 원한다면 금융감독원에서 제공하는 정보 사이트 '파인'에 접속한 뒤 '금융상품 찾기' 탭을 클릭하고, '금융상품 한눈에' 탭으로 들어가면 예적금 상품 검색을 통해 찾아볼 수 있다. 또한 2024년 상반기 중 출시되는 정부 국채도 눈여겨 볼 필요가 있다. 기획재정부는 개인투자용 국채 발행을 준비하고 있는데, 이는 정부가 자금을 모으기 위해 발행하는 채권 정도로 이해하면 된다. 발행 규모는 1조 원이며, 누구나 전용 계좌로 투자할 수 있다. 최소 투자 금액은 10만 원이며, 1인당 연간 1억 원까지만 구매가 가능하다. 10년물, 20년물 2가지로 발행되는데, 기간이 긴 게 흠이지만 복리로 자산을 불려주니 자금의 사용 목적에 따라 나누어 운용하면 된다.

구체적으로 살펴보자. 표면금리를 3.5%라고 가정하면 10년물 국채의 세전 만기 수익률은 41%에 달하며 20년물은 99%에 달한다. 20년물이 만기를 채우면 원금의 2배에 하는 돈을 받게 되는 것이다. 사정상 중도에 해지하더라도 1년만 채운 뒤 해지하면 표면금리 단리 이자를 받을 수 있다. 한마디로 해당 국채 투자는 국가가 원금 보장을 약속한 복리이자 지급 상품이며, 가산 금리와 분리 과세 등 혜택이 풍부하기 때문에 하지 않을 이유가 없다.

정부를 홍보하기 위해 이런 이야기를 하고 있을 거라는 의심은 당연히 거둬도 좋다. 국채를 언급한 이유는 주식 시장이 불안하다고 느끼는 사람이라면, 발품을 팔아 복리 상품을 찾아보라는 것이다. 분명히 양질의 복리 상품들을 발견할 수 있고, 자산의 일부라도 안정적으로 늘리는 데에 도움이 된다. 그리고 이런 안정적 복리 상품은 투자에 대한 긍정감을 높여주는 데에 큰 역할을 한다.

'근자감'으로 달려들었다가 망한 이야기

자신이 자산가가 되겠다고 결심했다면 투자나 사업에 대해 긍정적인 마인드를 가지고 있어야 한다. 그런데 근거 없는 자신감을 가지라는 게 아니다. 내 이야기를 잠깐 해볼까 한다. 나는 2015년 서울 노원구의 아파트에 투자해 짧은 기간에 성공을 맛본 일이 있었다. 당시 첫 아이가 태어나고 아이와 함께 살 집이자 투자 가치가 있는 곳을 찾던 중, 자금 사정에 맞는 노원구 아파트를 고르게 되었다. 부동산 가격이 오르기 전, 세금을 포함해 3,300만 원가량으로 투자했고, 1년 6개월 만에 세금을 제외하고 순수익 5,000만 원가량을 남겼다.

자신감이 붙은 나는 이 돈을 재투자하기로 마음먹는데, 매달 현금을 창출하면 좋겠다고 생각했다. 그래서 작은 가게를 열고 매달 300만 원 안팎의 현금 유동성을 확보해보기로 했다. 물론 장사는 해본 적도 없었다. 앞의 투자에 성공했으니 '내가 하면 다를 거야'라는 밑도 끝도 없는 자신감이 앞섰다. 결론적으로 이는 내 인생에서 가장 후회되는 결정 중 하나가 되었다. 해당 아파트 가격은 3배 넘게 올랐지만, 내가 시작한 작은 가게는 쫄딱 망했으니 말이다.

그때 내가 어떻게 했는지를 복기해보자. 머릿속에 아파트를 팔아 가게를 차려 큰돈을 벌겠다는 생각이 생기기 시작했으니 빠른 실행에 착수했다. 내 가게를 차려 직원과 아르바이트생들을 두고, 출퇴근길에 잠시 들러 관리만 해주면서 한 달에 300만 원씩 벌고, 이를 차곡차곡 모으면 된다는 생각에 하루하루가 아깝기 시작했다.

　　이건 일종의 헛바람이다. 당연히 주변에서 말리는 사람이 많았다. '가게가 쉬운 게 아니다' '주인이 없으면 가게 망한다' '사람 고용하는 게 얼마나 무서운 줄 아느냐' '세금 무서운 줄 알아야 한다' 등 다양한 이유로 나를 말렸지만, 내 귀에 들릴 리가 없었다. '내가 하면 다를 거야'라는 생각이 나를 사로잡고 있었고, 그들의 진심 어린 충고와 제언을 효율성 떨어지는 부정적인 생각 따위로 치부했기 때문이다. 지금 돌이켜보니 작은 장사를 시작할 때라도 꼭 지켜야 할 순서와 준비할 것들이 있다.

- 업종을 정한 뒤
- 개점할 지역을 선정하고
- 그 지역 상권을 면밀하게 분석하여 자리를 선정하고
- 해당 지역의 인력 수급 용이성 등을 파악하고
- 세금까지 고려해 해당 업장에서의 마진율 등을 계산한 뒤
- 직원의 수를 산정하고 운영해야 한다.

나는 일단 주차장이 완비된 카페 혹은 펍을 차리기로 결정했다. 주차장이 반드시 있어야 한다고 생각한 것은 내 인맥을 동원하면 충분히 사람들을 모을 수 있다고 예상했기 때문이다. 지인들이 오기 편하도록 주차장이 있어야 한다는 철없는 생각이었다.

대외적으로 명함을 들고 다닐 수 있는 사업장이었으면 했다. 펍보다 카페가 있어 보였다. 카페 대표님이라는 근사한 명함을 떠올렸다. 그리고 계산을 했다.

'내가 커피를 하루 5잔 정도 마시는데, 여기에 지출하는 게 2만 원 정도지. 그렇게 30일을 지출하면 월에 60만 원이니, 월세 60만 원은 아끼게 되겠군.'

지금 이 구절을 보고 뜨끔한 사람들도 분명 있을 것이다. 카페를 차릴까 하는 사람들이 접근하는 논리 중 하나다. 내가 쓰는 60만 원을 아끼고, 친구들이 와서 조금씩 팔아주고, 지나가는 사람들이 조금씩 사주고, 단골손님이 생기면 하루 5만 원을 못 팔겠어? 그렇게 150만 원을 벌면 월세는 뽑고도 남는다는 계산을 한 것이다. 게다가 남는 시간에 이곳에서 모임도 하고, 밤에 친구

들과 문 닫고 술도 마시면 진짜 남는 장사가 아닐까라는 생각까
지 했다.

나는 여대 앞 메인 상권이 아닌 골목 상권을 택했다. 주차할 곳
이 넉넉한 장소를 찾았기 때문이다. 기존에 하던 프랜차이즈 카
페를 그대로 인수했다. 당시 그 가게 대표는 장사가 잘되는 곳인
데 본인이 몸이 안 좋아 문을 잘 열지 못해 최근 매출이 떨어졌다
고 말하며, 가게를 꼬박꼬박 열기만 해도 매출은 보장된 것이라
고 POS기기의 매출 전표까지 보여줬다.

나는 이 말을 믿고 휘파람을 불기 시작했다. 짐작했겠지만 당
시 사장은 가게를 넘기기 위해 과장과 거짓을 섞어가며 나를 설
득했던 것이다. 그 경험을 한 나로서는 사업장을 알아보는 사람
에게 반드시 다음의 사항을 확인하라 말한다.

- 사업장의 대표가 이야기하는 매출과 사업장의 내용을 곧이곧
  대로 믿지 말자.
- 특히 POS기기에 찍히는 매출은 조심하자.
- 부가세 내역 등을 통해 매출을 유추하자.
- 해당 사업장에 불시에 방문해보고, 보름 이상은 동향을 꾸준

히 살피자.

- 프랜차이즈라면 해당 브랜드의 최소 3년간 매출 추이 등을 확인하자.

이렇게 시작한 가게가 잘될 리가 없었다. 소위 '오픈빨'도 없었다. 골목에 있었기에 굳이 찾아오지 않으면 알 수 없는 곳이었다. 사장이 바뀐 사실조차 모르는 고객들이 많았고, 눈에 띄지 않는 곳에 있으니 관심을 끌기 쉽지 않았다. 무엇보다 여대생들의 트렌디한 소비 문화를 따라갈 수가 없었다. 프랜차이즈라 본사 지침에 따라야 해서 제약을 많이 받았다. 이것저것 시도했지만 쉽지 않았다.

장사가 잘 안 되니 매출이 낮다는 고질적 문제 외에도 수많은 난관에 봉착했다. 일단 매년 오르는 인건비가 가장 큰 문제였다. 인건비가 오르니 물류비와 재료비가 오르기 시작했다. 원가율이 오르지만 가격을 올릴 수는 없는 노릇이었다.

이 외에도 정말 예상치 못한 문제가 많았는데 그중 하나가 감가상각이었다. 카페 기기들은 5~6년 정도의 내구연한을 갖는다. 커피머신, 온수기, 제빙기, 글라인더 등을 모두 합한 가격이

WARNING! ✕

장사를 시작할 때에는

☐ 업종 정하기

☐ 지역 선정 → 상권 분석 → 자리 선정

☐ 알바 구인 수월한가? + 마진율은 어떤가? ⇒ 직원 수 산정·운영

WARNING! ✕

☐ **사업장 판매자의 말을 곧이곧대로 믿지 말자!**

　　※ POS기기 매출은 특히 조심!
　　부가세 내역 등을 통해 매출을 확인하자!

☐ **불시에 방문하고, 보름 이상은 동향을 파악하자.**

　　＊중요＊ 사업장이 프랜차이즈라면 해당 브랜드의 최소 3년간
　　매출 추이를 확인!

사업을 하려는 이들이 확인해야 할 리스트가 얼마나 많은가.
긍정적인 사업가일수록 꼼꼼히 체크한다.

대략 2,500만 원 정도였는데, 5년에 상각된다고 계산하면 1년
에 500만 원, 하루에 1만 3,700원가량의 비용이 사라지는 것이
었다. 이뿐만 아니라 각종 AS 비용과 세무 비용 등을 계산하면

월세+α 정도가 고정비용으로 나갔다.

방학 수요도 간과했다. 게다가 대학은 방학이 길다. 6월 초에 기말고사가 시작되면 1학기가 마무리되고 학교 앞은 한산해진다. 2학기는 9월에 개강하지만 보통 1~2주는 수강정정 등의 시즌으로 학생들이 학교에 잘 나오지 않는다.

9월 중순부터 학생들이 본격적으로 등교하지만 곧 추석 연휴와 한글날과 개천절 등의 연휴를 맞이한다. 11월 말이면 기말고사 기간에 들어가고 12월 초면 모든 학사 일정이 끝난다. 실제로 대학가에서 장사할 수 있는 시간은 1년 중 7개월 정도에 불과하다. 7개월 안에 다른 상권의 1년 치 매출을 만들어야 하니, 이런 상권에 맞는 그만의 노하우가 필요한데, 전혀 준비되어 있지 않았다.

당시 현금 흐름을 계산해보면 처참하다. 일 평균 매출 30만 원, 월 매출 평균 900만 원이 조금 안 되었다. 여기서 비용이 빠져나간다. 그렇다면 카페의 고정비용은 어떻게 되었을까.

인건비: 오픈 1명(10:00~14:00), 중간 1명(11:00~18:00), 마

감 1명(17:00~22:00). 하루 16시간 인건비. 주휴수당도 함께 지급. 당시(2016년) 시급 6,030원 기준 16시간씩 주휴수당을 포함 한 달 인건비 총금액은 약 250만 원.

월세: 140만 원

세무 비용: 9만 9,000원

보안 및 인터넷: 11만 원

정수기: 3만 3,000원

원재료: 약 300만 원(매출의 34% 수준)

기타 비용: 20만 원

감가상각: 1.7만 원

이렇게 월 735만 원 수준의 고정비용이 지출되었다. 학기 중에는 많게는 200만 원까지 이익을 남겼지만, 방학이 되면 그 돈은 고스란히 사라졌다. 이듬해부터 최저시급이 가파르게 상승했다. 2017년(6,470원), 2018년(7,530원)으로 올랐는데, 최저시급이 오르자 물류비와 재료비 등이 함께 상승하며 적자 폭이 커졌다. 우리만 이런 것인지 궁금하여 바로 앞 가게의 사장님에게 물어봤더니, 그곳 사정도 그리 좋지 못했다. 놀라운 건 우리 골목만 이렇게 어려운 상황이었다는 점이다.

열심히 일했는데 정산해보니 마이너스였고 그 마이너스가 점차 커지는 것을 느꼈다. 결국 직장을 다니면서 수익을 내는 것은 더 이상 불가능하며, 시간이 지날수록 적자 폭은 더욱 커질 것이라는 확신이 들었다. 그렇다면 빨리 접는 게 답이었다. 눈물의 손절이었다.

주식 손절매는 마음먹기가 힘들지 버튼 한 번이면 가능하다. 그런데 사업장 손절은 쉽지 않았다. 가게를 내놓는 순간, 별의별 사람들이 가게를 찾아왔다.

- 매물로 나온 물건을 보러 다니며 커피 한 잔 얻어먹고, 밥 한 끼 얻어먹으며 하루하루 지내는 사람.
- 심심해서 매물을 보러 다니면서 당장 계약할 것처럼 하지만 마음은 절대 없는 사람.
- 권리금 차액을 남기기 위해 장사하는 부동산업자.
- 점포 전문 매매 업체. 이곳저곳에서 찾아오는데, 매도자에게는 빨리 정리해 주겠노라며 권리금을 최대한 낮추고, 매수자에게는 좋은 가게라 바람을 불어넣으며 권리금을 최대한 높인다. 이 과정에서 생기는 마진을 이용해 폭리를 취한다.
- 기타 몇몇 업체는 매수자와 매도자를 만나지 못하게 하는 방

법을 사용해 중간 마진을 극대화하기도 한다.

결국 귀찮고 시간이 걸리더라도 직거래를 하기로 했다. 이 과정에서도 특이한 사람을 많이 만났다. 다행히 이 가게에 꽂힌 사람이 나타났다. 권리금을 깎아줄 수 있냐는 제안을 해왔고, 손절도 때가 왔을 때 해야 하는 것이니 받아들였다. 내가 투자한 7,000만 원+α는 잊기로 했다. 5,000만 원에 내놓은 가게를 2,000만 원까지 내려달라는 요청에 응한 것이다. 그 사람 역시 생각보다 큰 조건에 즉시 계약을 체결했고, 그렇게 가게는 1년 반 만에 내 손을 떠났다. 약 18개월 동안 노원에 있는 부동산에 투자한 금액의 거의 전부를 날렸다. 내가 투여한 시간과 노력에 대한 보상은 전혀 받지 못했다. 기회비용까지 합치면 손실 금액은 억 단위가 넘을 거라 생각한다.

당시에는 실패했다는 억울함보다는 금전적인 손실에 대한 실망이 컸다. 이 돈을 벌기까지 얼마나 힘들게 달려왔는데, 허공에 날려버렸으니 허무하고 눈물이 났다. 누구를 탓할 수도 원망할 수도 없었다. 그래서 더욱 속앓이했다.

그 돈을 잊어버리게 될 무렵, 오히려 후련해지는 것을 느꼈다.

합리화보다는 다행이라는 감정이 다가왔다. 이때 가게를 차리지 않았더라도 내 안의 허세와 근거 없는 자신감을 표출할 수 있는 사업을 반드시 했을 것이다. 그리고 그 사업 역시 망했을 확률이 높다. 사업을 시작할 때는 훨씬 더 계산을 많이 해야 한다.

주변 사람들의 조언에 휘둘려서도 안 된다. 주변 사람들이 말리는 경우라 해도, 아무래도 당사자가 아니기에 사업에 대해 정확히 조언해주기 쉽지 않다. 그리고 대다수의 경우 말리기보다는 응원을 해주기 마련이다.

지금은 인생에서 6,000만 원의 수업료를 내고, 언젠가 발생할 수 있는 60억 원의 손실을 막았다고 생각하고 있다. 아내 역시 언젠가 퇴직금으로 카페를 차려서 6억 손실을 낼 것을 6,000만 원에 막았다고 말해주곤 했다. 그렇게 위안을 삼고 있다. 그 카페는 어떻게 되었을까. 다행히 젊은 사장의 감각으로 잘 운영되고 있다고 한다. 그 사장은 이런 조건을 이겨낼 자기만의 방법이 있었던 것이다.

빚을 활용하는 사람, 빚에 허덕이는 사람

앞의 이야기는 도전하지 말라는 게 아니다. 정확하게 계산하고, 조사하고, 자신이 잘하는 일에 도전하라는 것이다. 그래야 긍정적인 투자를 할 수 있다. 제대로 된 계산만 섰다면 자금을 운용하는 데 있어서도 과감할 수 있다.

이 장의 마지막에 할 이야기가 바로 '빚'에 대한 것이다. 보통 사람들은 누군가에게 '빚'지는 것을 싫어한다. 우리 아버지는 평생 누구에게도 빚지지 말고 살아가라고 말씀하셨고, 당신 역시 빚내는 것을 극도로 꺼린다. 아마 대다수 사람에게 공통적으로 적용되는 태도일 것이다. 부득이하게 빚을 낸다 해도 하루빨리 원금을 상환하고 싶어 한다.

그런데 계산을 정확하게 할 수 있다면 빚을 활용하는 게 좋다. 자산가들은 빚에 대한 생각이 다르다. 이들의 공통점 중 하나는 대출을 긍정적으로 생각한다는 것이다. 대출도 능력이라 했다. 상황에 따라 적절하게 금액을 융통할 수 있고, 잘 활용하여 남들보다 빠르게 자산을 불리는 하나의 도구로 사용할 수 있어야 한다.

당연히 대출을 받아야만 자산가가 될 수 있는 것은 아니다. 자신의 상황에 맞춰 적절하게 빚을 낸 뒤 그 돈으로 투자하고 이자를 얻은 뒤에도 남는 게 있어야 한다. 대출을 자산 증식의 기회를 만드는 지렛대로 사용하라는 것이다.

능력이 된다면 원금 상환을 서두를 필요도 없다. 오르지 않는 것은 직장인의 월급뿐이다. 돌이켜보면 많은 것들의 가치가 상승했다. 가장 적게 오른 공공요금을 예로 들어보자.

1990년대 서울 버스 기본요금은 100원 수준이었다. 2024년 현재 서울의 버스 기본요금은 1,500원이다. 물론 버스의 종류와 노선, 환승 등 다양한 발전이 있었지만, 서민의 이동 수단이라는 측면은 분명하다. 그리고 이 동안 15배의 운임 요금 상승이 발생했다. 이는 시간의 경과에 따라 물가가 상승하고 돈의 가치는 하락하는 것을 보여준다.

더 와닿게 설명해보자. 2015년 서울 강남구 대치동 아이파크 84m²의 실거래가는 12억 원이었다. 최근 부동산 가격이 조정을 받고 있지만, 2023년 말 기준 해당 아파트 동일 면적의 실거래가는 23억 원이다. 약 8년 만에 8억 원의 가치 상승이 일어난 것이다.

반대로 은행에 12억 원을 예치했다고 가정해보자. 해당 기간 평균 금리를 3% 정도로 단리를 아주 넉넉히 부여해보겠다. 8억 원의 원금은 약 14억 8,800만 원으로 불어나게 된다. 약 8년 만에 2억 8,800만 원 정도의 가치 상승이 일어났다.

동일 기간에 12억 원을 은행에 넣어둔 사람과, 아파트를 매수한 사람의 자산 가치는 약 5억 1,200만 원 차이가 나타나며 희비가 극명하게 엇갈린다. 그만큼 아파트라는 재화의 가격이 상승한 측면도 있겠지만, 이 차이는 돈의 가치가 하락한 데에서 온 측면도 크다.

이처럼 돈을 빌려준 채권자보다 빚을 진 채무자에게 더 메리트가 있다고 볼 수 있다. 그래서 자산가들은 빚 없이 투자하는 것보다 빚내는 것을 더 선호할 수밖에 없다. 또한 빚을 낼 때 감당할 수 있는 범위 내에서 최대한 많이, 거치 기간과 상환의 여유를 두려고 노력하며 투자를 최선으로 한다.

이들은 대체로 빚을 내 투자하는 이른바 '레버리지'를 최대한 활용해야 한다고 생각한다. 그리고 투자가 성공할 수 있도록 만들겠다는 긍정적인 생각을 토대로 실천한다.

"대출을 받아 투자했는데 잘못되면 어떻게 하나"라고 물어오는 이들이 많다. 충분히 해봐야 하는 질문이다. 투자 위험성이 감지되면 빠르게 손절할 수 있는 것도 분명 필요하다. 수익을 내는 것만큼 손절을 잘하는 것도 자산을 지키는 방법 중 하나이기 때문이다. 그렇다고 대출 자체를 아예 기피하지는 않아도 된다. 자신이 감당할 수 있는 수준의 손해를 항상 생각해보면서 대출을 활용하면 되는 것이다.

감당할 수 없는 투자는 애초에 잘못된 것이기 때문에 그런 투자는 하지 말아야 한다. 감당할 수 있는 투자의 기준을 세운다면 주식 투자의 경우 오롯이 현금성 자산으로, 부동산 자산의 경우 레버리지로 부담하는 이자가 월급과 같은 고정수입의 최대 40%를 넘기지 않아야 한다.

주식의 경우 오롯이 내 돈으로 투자하고 현금을 보유하고 있다면 충분히 시간에 기대어 감내할 수 있다. 내 경우 코로나19의 위협이 가장 극심했던 2020년 3월, 전 계좌의 수익률이 −60%에 육박한 적이 있었다. '이 돈을 내가 어떻게 모았는데…'라는 생각에 잠을 이룰 수 없었지만 30%가 넘는 현금이 있었기 때문에 '미국의 유동성 공급'이라는 소식을 듣고 주식 시장이 반등하는 시점부터 현금 자산을 나누어 재투자했다. 그 결과 시간이 지나며 자산은 플러스로 돌아섰고, 생각보다 큰 수익으로 돌아올 수 있었다.

2022년의 예를 추가로 들어보겠다. 그때도 주식 시장은 나쁘지 않았지만, 나는 2022년 초반 연봉에 육박하는 금액의 손실을 경험했다. 잘못된 투자였고 그때라도 빠져나오길 잘했다고 생각했다. 그리고 손절을 통해 수익을 복구한다는 개념보다는 원금까지 가기 위한 종목 교체로 생각했다. 종목 교체를 하며 평단가는 가지고 있던 현금으로 낮췄다. 금액이 적지 않았기 때문에 시간이 걸렸다. 업황이 크게 성장하는 이차전지 쪽으로 눈을 돌렸고, 약 8개월 만에 손실금은 모두 복구되었다.

부동산 투자는 레버리지를 이용하는 것이 통상적 관례다. 꼭 그래야 한다는 것은 아니지만, 내가 살고 있는 집의 레버리지를 이용하는 것이기 때문에 살면서 버틸 수 있는 안도감도 있을 것이다. 그러나 이 경우에도 내 집 가격의 하락기가 찾아오면 속상하기는 매한가지다. 또한 이사해야 하는데 집이 매도되지 않고 원하는 가격이 형성되지 않는 경우 손실을 볼 수 있다. 특히 감당할 수 없을 정도의 이자는 가정경제를 망칠 수 있다.

신자산가는 감당할 수 없는 투자는 하지 않는다.
주식 투자에서 현금성 비율과
부동산 투자에서의 고정수입 비율을 잘 지킨다.

    한 채가 아닌 다수의 집에 투자하는 경우 이야기는 더욱 달라진다. 그래서 경우의 수를 나눠야 한다. 내 집 레버리지를 이용해 투자 겸 주거를 선택하는 경우 월급과 같은 고정 금액(이때도 세금

을 제외한 실수령액을 기준으로 삼아야 한다)의 40%를 넘지 않는 것이
좋다.

대한민국 연봉 평균인 4,200만 원의 실수령액은 310만 원 수
준이다. 평균적인 직장인이 내는 이자 지출이 150만 원이 넘어
간다면 정상적인 생활을 할 수 없다. 가장 기본적인 생활을 영위
할 수 있으려면 월급의 60% 수준의 금액은 지켜야 한다. 고액
연봉자라면 이야기가 조금 달라질 수 있겠지만, 이 책에서 다루
고자 하는 것은 고액 연봉자들의 이야기가 아니기에 넘어가자.

여러 채의 집에 투자하는 경우, 전세금이 20% 하락할 수 있다
고 전제하면서 자금을 예치해야 잘못되는 상황을 막을 수 있다.
다수의 집에 투자해 수익을 얻는 것은 상승장에서야 쏠쏠하겠지
만, 문제가 발생하면 연쇄 도미노 현상으로 가정경제를 망칠 수
있기 때문이다.

무엇보다 가장 중요한 대전제가 있다. 투자에는 문제가 생길
수 있다. 하지만 이겨내야 하고 이겨낼 수 있다. 그것들이 회복할
때까지의 시간적 여유를 확보하고 있으면 된다. 중요한 것은 그
시간을 어떻게 '이겨내느냐'다. 근거 있는 자신감의 차이는 여기
에서 오는 것이다.

근거 있는 자신감의 핵심은 결국 내가 '투자하는 분야의 상황을 알고 있느냐'이다. 연구하고 공부해야 한다. 내게도 수많은 이들이 어떻게 이차전지가 뜰 줄 알았냐, 어떻게 공부하면 좋겠냐고 물어온다. 그때마다 "기사를 기사로 읽지 마시라"고 조언한다. 이게 무슨 말일까. 구체적으로 설명해보겠다.

어떤 이는 신문을 매일 아침 챙겨 보고, 특히 경제 부분은 따로 스크랩하기도 한다. 그런데 투자는 어렵다고 토로한다. 이 경우 안타깝게도 행간을 읽지 못하고, 그저 기사를 보고 수집하는 데에 행위가 멈춰 있기 때문이다.

예를 들어보자. 연초면 삼성전자의 신사업에 대한 비전이 발표된다. 이를 보면서 대다수는 '역시 삼성전자야, 드디어 이런 것들을 해내는구나'라고 느낀다. 그러면서 내가 가진 삼성전자 주식은 왜 이렇게 오르지 않는지 한숨을 쉰다.

그런데 이 비전 발표를 보고 삼성전자가 어디에 투자하는지 찾아보고, 거기에서 연결되어 발전할 산업의 주요 기업들을 공부하는 사람들이 있다. 삼성전자는 2023년에는 로봇, 2024년은 AI 산업에 대한 비중을 높게 잡으며 관련된 투자와 신제품 개발도 이어가고 있다. 삼성전자에서 로봇 사업부가 차지하는 비중은 극히 적을 수 있지만, 그것과 연결된 생태계의 기업들은 다르다. 삼성전자의 1차 벤더 상장사들의 대다수 매출과 영업이익이 달라질 수도 있다.

그렇다면 그 기업들의 주가는 어떨까. 이미 제법 높은 상승을 기록하고 있을 것이다. 누군가는 삼성전자만을 보지만 누군가는 삼성전자의 후광을 얻고 성장할 수 있는 기업들을 빠르게 찾고 있다. 숲보다 나무를 캐치 하는 능력인 셈이다.

또 다른 예를 들어보겠다. 전기차 산업이 빠르게 발전하고 있다. 이와 관련해 배터리와 관련 소재 부품에 관심을 갖는 수준까지 간다면 1차적으로 성공한 것이다. 누군가는 전기차 공급이 국내외에 늘어나며 자동차에 공급되는 타이어 교환 주기에 변화가 있는지를 파악한다. 전기차는 배터리 무게로 인해 타이어 교환 주기가 빠르다. 전기차를 타니, 소모품을 갈아줘야 할 시기가 오지 않겠는가. 이렇게 많이 팔린 시점부터 도래하는 교환 주기 등을 파악하며 타이어 관련 기업에 관심을 갖는 사람도 있다.

이런 식으로 기사를 단순하게 읽는 것이 아니라, 이 기사가 보여주는 산업의 흐름을 빠르게 파악하고, 파생되는 기업들을 찾아내야 한다. 반대로 안 좋은 기사에서 내가 관심이 있는 기업이 어떤 악재를 맞이할지 역시 알아챌 수도 있다. 앞에서 '투자 눈치'가 좋아야 한다고 한 말과 통하는 내용이다.

옷자고 하는 말이지만 이렇게 기사를 찾아 분석하는 데에 어려움을 느끼는 사람들이 많이 찾는 채널이 서정덕TV다. 종목에 대한 직접적 매수와 매도 이야기는 전혀 없지만 산업 흐름과 연관 산업 등을 빠르게 전달하기도 한다. 그렇기에 찾는 사람들이 많은지도 모르겠다.

CHAPTER 9

제발
일찍 일어나라

"때로는 꿈꾸는 것을 멈추고
깨어나는 것이 중요하다.
정말 위대한 꿈이라면, 붙잡아라."

_래리 페이지(구글 공동 창업자, 포브스 기준 현 세계 부자 8위)

사람들은 누구나 꿈을 갖고 있다. 저마다 다르겠지만, 목적하고 지향하는 것을 이루기 위해 계획을 세운다. 하지만 대다수는 그 꿈을 이루기 위해 가장 기본적으로 해야 할 일조차 즉시 행동으로 옮기지 않는다. 아니 못 한다. 그리고 합리화를 하게 된다. 나는 하지 못한 것이 아니라 안 한 것이라고 말이다.

그러다 보면 꿈은 점점 작아지고, 여러 가지 부정적이고 소극적인 생각이 들기 마련이다. 결국 어릴 적부터 꿈꾸던 것들을 하나둘 포기하면서 현실에 만족하고 자기가 처한 상황에 안주하게 된다. 꿈의 크기를 줄여가며 평범한 생활로 돌아가게 되는 것이다.

자산 축적도 마찬가지다. 처음에는 꿈이라도 꿔보고 시도라도 해본다. 그런데 이걸 계속하는 사람들이 생각보다 적다. 성공하는 사람이 소수에 그칠 수밖에 없는 것이다.

신자산가들은 분명한 자기 꿈이 있고, 그 꿈을 이루기 위해 기본적으로 최선을 다한다. 그 최선은 바로 시작하는 것이다. '시작'하고 싶은 이들에게 내가 꼭 권하는 습관이 하나 있다. 바로 일찍 일어나는 것이다.

CEO들이 일찍 일어나는 이유

많은 사람들이 나에게 돈을 벌기 위한 특별한 비법을 묻는다. 그런데 방법을 알려줘도 실행하지 않는 이들이 많다. 앞에서 말했지만 결국 '시간'을 투여해야 자산도 모인다. 그래서 특별한 비법을 묻는 이들에게 되려 내가 되묻는 질문이 있다. "아침에 일찍 일어나십니까?"

우리는 어릴 때부터 일찍 일어나라는 이야기를 귀가 따갑게 들었다. 아침형 인간이 꼭 될 필요가 없고 올빼미형 인간도 괜찮다지만 남들보다, 조금 더 일찍 하루를 시작하면 이득이 된다는 것은 어린아이도 알고 있다. 성공한 자산가들치고 늦잠 자는 사람이 없다. 너무나 단순한 이야기 같지만 제일 중요하다.

고 정주영 회장은 신입사원들을 대상으로 하는 특강에서 이렇게 말하곤 했다.

"내가 평생 새벽 일찍 일어나는 것은 그날 할 일이 즐거워서 기대와 흥분으로 마음이 설레기 때문이다. 아침에 일어날 때 기분은 소학교 때 소풍 가는 날 아침, 가슴이 설레는 것과 똑같다. 또 밤에는 항상 숙면할 준비를 갖추고 잠자리에 든다. 날이 밝을 때 일을 즐겁고 힘차게 해치워야겠다는 생각 때문이다."

일찍 일어나면 시간을 벌기도 하지만, 무엇보다 일찍 일어날 수 있는 사람은 실행력이 좋은 사람이다. 신년 목표 중에 새벽에 기상해 운동하기, 독서하기 등을 생각해보지 않은 사람이 없을 것이다. 사람들은 누구나 남보다 나은 삶을 살아보려 애를 쓴다. 이 중 가장 어려운 게 일찍 일어나는 것이다. 대다수가 첫날부터 실행하지 못하며 실패하는 경우가 부지기수다.

즉, 일찍 일어나는 것을 해내면 모든 일에서 실행력이 올라간다. 실행하는 속도가 빨라진다. 그리고 하루가 길어진다. 애플 CEO 팀 쿡은 매일 아침 4시 전에 일어나 1시간 정도 운동을 하고, 트위터(현 X)의 전 CEO 잭 도시는 매일 아침 5시에 일어나 명상을 한다고 한다. 아마존 CEO였던 제프 베조스는 오전 10

시 이전에 미팅을 잡는 것으로 유명하며, 케네디 전 미국 대통령은 매일 아침 신문 6가지를 읽으면서 하루를 시작했다고 한다.

너무 대단한 인물들의 이야기라 크게 와닿지 않는가? 현실성이 느껴지지 않는가? 그런데 내 주변에 있는 기업인과 자산가의 기상 시간과 아침 습관을 더하면 이런 사례는 한없이 늘어난다.

연 매출 1,000억 원 정도를 유지하며 안정적 법인을 운영하는 A대표의 일과는 이렇다. 회사에 출근하는 날은 5시 30분에 기상한다. 6시까지 휘트니스센터에 도착해 7시까지 약 1시간 동안 무리하지 않을 정도로 운동을 한다. 너무 일찍 회사에 출근하면 직원들이 부담스러워할 수 있기에 아침 식사를 마치고 9시 무렵 회사에 도착하여 업무를 본다. 전날 중요한 미팅이 있어 늦게까지 식사 자리가 이어졌더라도, 기상 시간은 늘 일정하다.

강남 지역 노른자 땅에 수많은 빌딩을 소유한 B건물주도 마찬가지다. 월세만 1억 원에 달하는 그 역시 새벽 5시 30분에 기상한다. 신문을 보며 하루 시작을 한 뒤 6시 30분에 본인이 좋아하는 운동을 한다. 이후 조찬 모임부터 점심 식사까지 사람들을 만난다. 오후 3시에 업무 보고를 받고, 그리고 저녁에 또 사람들을

최고의 투자 습관은 곧 인생 습관이다. 시간을 남들보다 더 많이,
더 가치 있게 쓰는 사람만이 자산가가 될 수 있다.

만난다.

상장사를 직접 일군 수많은 대표, 스타트업 대표, 고액 자산가
대다수는 남들보다 하루의 시작이 빠르다. 그리고 한 번의 흐트

러짐 없이 새벽 기상을 해낸다. 이들은 왜 이렇게까지 일찍 일어나기를 지키는 것일까.

　하루를 시작하면서 사람들이 겪는 첫 번째 어려움은 침대 위에서 벗어나는 것이다. 잠은 언제나 달콤하고 따뜻한 이불 속만큼 좋은 곳은 없다. 그런데 인생이 피곤하기까지 하면 어떻게 될까. 스트레스가 많고, 풀리지 않는 갈등으로 고민이 많다면? 오늘 벌어질 일들이 두렵게 느껴진다면? 일찍 일어나는 것 자체가 어려운 일이 된다.

　그러나 늦게 일어난다고 그런 문제들이 사라지지 않는다. 오히려 그 문제들을 해결할 수 있는 시간만 낭비하게 된다. 인생을 바꾸고 싶다면 아침에 일어나는 행위에 주저함이 없어야 한다. 그래서 성공하는 사람들이 일찍 일어나는 것이다.

　일찍 일어나기가 중요한 이유는 '바로' 실행해야만 가능한 행위이기 때문이다. 잠에서 깨고 나서 10분만, 30분만 더 있는 게 아니라, 눈을 떴으면 바로 일어나는 것이다. '바로'라는 습관은 성공에 큰 효과가 있다.

　'내일'과 '다음에' 혹은 '나중에' '언젠가' '시간이 된다면' 등은 통하지 않는다. 더 나은 삶, 나아가 자산을 증식시킬 수 있도록 하는 확실한 좋은 계획과 아이디어가 아무리 많아도 '바로' 실현할 수 없다면 아무런 쓸모가 없다. 그래서 성공한 자산가들은 남들보다 일찍 '바로' 일어나는 것부터 실행한다. 자신이 깨닫고 아는 바를 '바로' 실천하게 된다면, 남들보다 더 많은 기회와 시간이 주어지고, 더 많은 성과를 낼 수 있게 된다.

현대 사회에서 시간만큼 인간이 가질 수 있는 대단한 자원은 없다. 하루에 30분만 일찍 일어나면 일주일에 350분을 더 쓸 수 있고, 1년에 1만 950분을 남들보다 더 사용할 수 있다. 시간으로 환산하면 182시간이 넘고, 일수로 환산하면 7.6일이다. 이건 그냥 산수다. 30분만 일찍 일어나서 생산적인 무언가를 꾸준히 해나간다면 1년에 남들보다 일주일을 더 선물 받는 셈이다.

다들 알다시피 일주일이라는 시간은 엄청난 일이 일어나기에 충분하다. 그렇기에 성공한 부자, 기업인, 고액 자산가 대다수가 하루를 남들보다 일찍 시작하여 더 많은 시간을 사용하는 것이다. 이것부터 따라 할 수 없다면 신자산가가 되고자 노력했다 말하기 어렵다.

성공한 자산가들은 즉시 기록한다

눈을 뜨면 바로 일어나는 것만큼, 신자산가들에게는 중요한 공통점이 하나 더 있다. 즉시 기록하는 습관이다. 검색만 하면 정보들이 다 나온다고 생각하는가. 그렇지 않다. 우선 기억의 측면에서 기록은 중요하다.

한 연구 결과에 따르면 메모하는 학생이 그렇지 않은 학생보다 일주일 뒤 7배나 더 많은 것을 기억한다고 한다. 대다수 성공한 자산가들은 즉시 기록하는 습관을 갖고 있다. 어떤 사람은 노트에 필기하고 어떤 사람은 휴대전화에 기록하는 등 각자 방법은 다르지만 떠오르는 생각, 마주하게 된 상황, 향후 계획해야 하는 것, 중요하다 생각되는 정보를 그 즉시 기록한다.

기록하는 습관은 새로운 아이디어가 필요한 사업가들의 공통점이다. 왜냐하면 순간 떠오른 아이디어는 휘발성이 높기에 금방 날아간다. 그것을 붙들고 행동으로 만들어내는 과정이 바로 기록인 것이다.

내가 만난 한 스타트업 대표는 미팅이 끝나면 그 즉시 상대방에 대한 모든 것을 기록한다. 언젠가 "왜 그렇게까지 하느냐"고

물었다. "수없이 많은 사람을 만나는데, 명함에 적혀 있는 정도만을 기억해서는 다음 만남 때 대화의 깊이가 얕으니까요."

열 번을 만나도 관계가 만들어지지 않는 사람이 있고, 두세 번을 만났는데도 같이 일을 도모하게 되는 사람이 있다. 만난 횟수에 비해 훨씬 더 영양가 있는 대화를 하고, 정보를 나누는 사람들이다. 우리가 사람을 만나는 이유는 그 만남에서 사업적인 구상을 하거나, 내가 갖지 못한 인사이트 혹은 아이디어를 얻기 위해서다. 그런데 이를 내 것으로 만들기 위해서는 내 안으로 가져와야 한다. 가장 좋은 방법이 내 손으로 기록하는 것이다. 그 메모를 바탕으로 즉시 실행에 옮기다 보면 그중 하나가 투자 성과로, 사업 성과로 연결된다.

다수가 알면서도 놓치고 넘어가는 단순한 것일지라도 기록하고, 기록한 것들 가운데 좋은 것들을 뽑아내 즉시 행동에 옮기거나 옮길 방법을 찾는 것. 자산을 쌓는 데에도 이러한 노력이 반드시 필요하다.

나는 매일 아침 방송을 하고 그 방송을 듣는 수십만의 사람들이 있지만, 그들 모두가 자산을 쌓는 데에 성공하는 것은 아니다.

"잘 들었네. 재밌네"라고 흘러가면 실행이 되지 않는다. 바로 기록하고 작게라도 실행해보는 사람들은 언젠가 자신만의 성공 방식을 찾는다. 이런 기본기 위에서 성공을 경험한 사람들이 '한탕'에 그치지 않고 부의 선순환을 만들어낸다.

'바로 즉시'를 강조하는 이유가 또 하나 있다. 이제 기나긴 성장기, 계속되는 상승기 같은 건 없다. 앞으로 경제는 계속 요동칠 것이다. 저성장기에는 더욱 그렇다. 경제가 좋아지는 시기가 오는 것 같다가 금방 또 나빠지고, 계속 안 좋을 것 같지만 그 속에서 또 반등기가 찾아온다. 물론 긴 시간이 지난 다음에 돌이켜 보면 특정한 흐름이라는 게 존재하겠지만, 현재를 사는 우리로서는 작은 변화에 즉시 대응하는 능력이 필요하다. 이렇게 급변하는 경제 상황 속에 준비하고 있던 것들을 '바로' 실행할 수 있는 능력이 있어야 자산을 증식할 수 있다.

증권부장의 하루는 새벽 4시 반에 시작된다

이제는 왜 신자산가가 되기 위한 마지막 방법으로 '일찍 일어나기'를 말했는지 이해할 것이다. 그렇다면 나 스스로는 어떻게 했을까. 부자가 되기 위해서 일찍 일어난 것은 아니지만 어릴 때부터 일찍 일어나려 노력했다.

내가 일찍 일어나는 이유는 이랬다. 남들보다 크게 재능이 뛰어나지 않다는 것을 일찍 알았다. 그 재능의 차이를 만회하기 위해 남들보다 조금 더 일찍 일어나고 조금 더 노력해야만 했다.

2000년 당시 0교시가 있던 시절이었는데, 늦지 않기 위해서 7시 20분에는 버스를 타야 했다. 직장인 출근 시간과 겹쳐 길이 밀리는 탓에 대략 35분 정도가 소요됐다. 하지만 6시 10분에 버스를 타면 도로가 한산해 20분 안팎이면 학교에 도착할 수 있었다. 아침잠은 1시간 정도 줄였지만, 도로에서 버리는 시간이 줄었고 훨씬 더 많은 시간을 여유롭게 사용할 수 있었다. 하다못해 좋아하는 음악을 들으며 스트레스를 풀 수도 있었다.

새벽에 일어나는 것이 습관이 되다 보니, 방송사에서 직장생활을 시작하면서도 새벽 근무를 자처했다. 남들은 아침에 일어나는 것이 힘들고 새벽 방송 펑크가 두렵다고 하지만, 나는 도리어 하루의 몇 시간을 반강제적으로 더 가질 수 있는 좋은 기회라고 생각했다.

4시 30분에 기상하여 5시에 출근해 6시 뉴스를 진행했다. 업무를 마무리한 뒤 시계를 보면 그때부터 할 수 있는 일이 너무나도 많았다. 사람을 만나 다양한 이야기를 나눌 수 있고, 운동을 하며 건강을 관리할 수 있고, 자격증 공부를 할 수도 있었다. 그렇게 시작된 새벽 근무는 최근까지도 이어졌다.

새벽에 일어나다 보니 더 여유롭게 시간을 쓸 수 있었고, 새로운 일을 해보고 싶어졌다. 그래서 회사에서 아무도 하지 않는 뉴욕증시 마감 시황을 작성하기 시작했다. 마음먹었을 때 즉시 실행하지 않으면 흐지부지될 수 있기에, 그날 바로 시작한 것으로 기억한다.

뉴욕증시 마감 시황 기사를 작성하려면 미국 뉴욕증시 장 마감 시간보다 최소 1시간 이상 일찍 일어나야 했다. 4시 40분에는 기상해야 원활하게 기사 작성이 가능했다. 처음 마음먹은 날부터 기사를 작성하기 시작했고, 하루도 거르지 않고 같은 시간에 일했다. 자의 반 타의 반으로 얻게 되는 정보의 양이 방대해졌고, 방대해진 정보는 그냥 머릿속에 축적되는 것이 아니라 새로운 무언가로 재탄생했다.

남들보다 기사를 하나 더 작성하게 된 셈이었고, 이 정보를 통해 추가 취재를 하게 되고, 새로운 정보를 바탕으로 새로운 발제도 가능하게 되었다. 후배들에게도 다양한 취잿거리를 제공할 수 있었다.

나는 새벽 방송을 시작하기 전, 마지막으로 추가할 내용이 있는지 확인하기 위해 국내외 커뮤니티와 카페 등 관련 사이트를 찾아다닌다. 2023년 이차전지 열풍이 불기 시작하며 각종 사기가 난무했다. 관련 내용을 파악하기 위해 다양한 커뮤니티와 카페 등을 돌아다니는 과정에, 에코프로머티리얼즈를 상장 전 싸게 살 수 있도록 해준다는 문자를 받았다는 사람을 발견했다. 그 즉시 문자를 받은 사람에게 연락했고, 후배 기자에게 취재하라고 지시했다. 당연히 사기인 것을 인지했지만, 크로스 취재는 원칙이기 때문에 에코프로 측에도 연락해 사실 확인을 하고, 유관 부서에도 질의를 넣고 답변을 받은 뒤 해당 내용을 빠르게 보도할 수 있었다.

이 보도로 모든 사기를 막을 수 없었겠지만, 다수의 피해자가 양산될 수 있는 것을 막기도 했다. 주식 거래를 하는 사람들이 이용하는 MTS의 먹통으로 피해가 발생한 사례를 파악하고, 피해자 모임 커뮤니티에 함께하며 보도를 이끈 사례, 일과 후 만난 업계 사람들과의 대화 중 파악한 M&A 건을 단독 보도한 사례 등은 일과 중에 일어난 일이 아니었다. 새벽 근무로 인해 누구보다 빨리 정보를 접할 수 있었을뿐더러, 새벽 근무로 일과가 일찍 끝나는 여유 시간이 많았기에 가능한 일이었다.

이렇게 쌓인 시간은 새로운 기회를 만들어주었다. 코로나팬데믹 초기에 회사에서는 전 사원에게 주제에 구애받지 말고 개인 유튜브 채널을 개설해 각자 경쟁력을 키우고, 회사의 경쟁력으로 삼자고 지시했다.

나는 무엇을 할까를 고민하던 차에, 어차피 새벽에 뉴욕증시 마감 시황 기사를 작성하는데, 이 내용으로 유튜브를 시작해보면 잘될 것 같다는 생각이 들었다. 그 생각이 들자마자 새벽 근무의 비는 시간, 오전 6시 30분~오전 8시에 유튜브로 뉴욕증시 마감 시황을 풀기 시작했다. 2008년부터 생방송을 쉬지 않고 진행해왔기에 편집 작업에 구애받지 않고 실시간 라이브를 통해 가장 빠르게 전달했다. 이것이 바로 서정덕TV 새벽 라이브 방송의 시작이다.

요즘에는 일찍 일어나는 새가 피곤하다고 한다. 맞다. 일찍 일어나는 새가 피곤할 수 있다. 하지만 피곤이 적응된 다음에는 더 높이 날 수 있다. 내가 이루고자 하는 꿈이 있다면, 특히 경제적 부를 축적하고자 한다면 최소한 지금 이 시간에도 그 꿈을 위해 시간을 쓰고 있는지, 생각하고 결정한 일을 즉시 행동에 옮기고 있는지부터 점검해보라.

에필로그

부자가 되기 위한 10년,
금방 지나간다

"돈 많은 사람을 부러워 마라.
그가 사는 법을 배우도록 하라."

_이건희(삼성 회장)

"부자가 되려면 부모 잘 만나는 거 외에 방법이 없습니다"라고 말하는 이들이 꽤 된다. 그렇다고 자신의 경제적 자유를 위한 길을 포기할 것인가. 그건 본인의 선택이겠지만, 한탄하는 시간에 자산가가 되기 위해 조금이라도 먼저 노력하는 게 더 낫지 않겠는가.

물론 부모에게 상속을 받아서 부를 유지하는 이들도 꽤 있다.

하지만 상속받은 부를 지키지 못하는 이들이 많다. 후자의 경우 '경험'하지 못한 채 무턱대고 큰돈을 상속받거나 자리를 물려받는다는 특징이 있다. 여기에서 말하는 경험은 무엇일까.

부유한 환경에 자랐어도 100원을 버는 것이 힘들다는 것을 느끼고, 대중교통을 타고 다니고, 직장을 다니는 이들의 삶을 이해하고, 보통의 사람들과 호흡해본 이들이 상속을 받는 경우와, 돈으로 유학을 다녀오고 큰 재산을 물려받고, 어릴 때부터 알던 주변 사람들의 조언으로 자리를 이어가는 사람들은 결국 결과물이 다르다.

100억을 상속해주는 부모가 있다고 하자. 물려줘야 할 것은 100억만이 아니라 100억을 벌기 위해 노력한 방법이고, 그 안에서 얻어낸 경험이다.

이 책에서 나는 대단한 몇백억 자산가의 경험을 이야기하지는 않았다. 그런 자산가들의 삶을 옆에서 대충 훔쳐보고 '이러이러하다'라고 말해주는 건, 그럴 듯해 보이나 실제로 따라 할 수 없는 방법이라 생각한다.

그보다는 작은 금액이라도 지금 시작할 수 있는 방법, 경기가 어떻게 움직이든, 트렌드가 어떻게 움직이든 반복할 수 있는 방법, 그리고 자산가가 되려는 이들이 가져야 할 행동 양식들을 정확하게 말해주려 했다.

이는 서정덕TV에서 종목을 매매하는 타이밍을 알려주는 '리딩'을 하지 않고 있는 것과도 이어진다. 누군가는 나에게 리딩을 할 만한 능력이 없는 것이라고 하겠지만, 물고기가 저기 있다고 알려주는 것보다, 물고기 낚는 방법을 함께 공유하고 공부하는 것이 결국 진짜 도움이 되기 때문이라 생각하기에 이러한 방식을 고수하는 것이다.

사실 주식은 자신이 산 금액보다 비싸게 팔면 이득이다. 주식만이 아니라 부동산도 마찬가지다. 지극히 당연한 이치다. 그러나 대한민국 주식 시장은 언젠가부터 사고파는 매매에만 몰두하게 됐다. 그러다 보니 누군가의 정보에 의존하여 매수 가격과 매도 가격을 정하는 등 타인 의존적인 매매가 곧 주식 투자라고 여기게 되었다. 그 조언에 따라 잘 풀리면 다행이지만, 자본 시장에서 그런 조언이 언제나 맞을 수 없다. 게다가 그 정도로 잘 맞추는 사람이 굳이 남에게 아무 이득 없이 조언할 이유는 당연히 없을 것이다.

'리딩'을 해주는 사람이 당신의 인생에서 10년, 20년씩 리딩을 해주지는 않는다. 결국 부자가 되려면 투자하는 방법을 스스로 익혀야 한다.

워런 버핏은 자신의 부는 모두 책과 신문에 있었다고 한 바 있다. 산업의 흐름을 이해하고 공부하면서, 좋은 투자 습관을 형성하도록 노력하면 기사 한 줄, 공시 한 줄을 통해 자신의 부를 축적한 행운을 맞이할 수 있다. 언제 노력해서 그런 행운을 맞이하느냐, 장기 불황이 언제 끝나느냐고 걱정하지 마라. 돌이켜 보면 인생에서 10년은 금방 지나간다.

이런 이야기를 하면 항상 듣는 질문이 "본인은 어떻게 투자하느냐"이다. 내 투자는 굉장히 보수적이다. 돌다리를 여러 번 두들기고 건너려 하는 편이다. 돈이 안 되는 것은 절대 하지 않는다. 과거에는 예적금 상품에 투자했지만 현재는 하지 않는다. 1년이라는 시간을 묶어두는 보상치고는 너무 적어졌기 때문이다. 3% 이자에 15.4%의 세금을 내고 나면 남는 것이 얼마 되지 않는다. 물가 상승률조차 따라가지 못하는 해가 허다하다. 여기에서도 단순히 이자율만 계산하는 게 아니라, 세금, 물가 등을 함께 계산을 해본다. 그리고 그 계산에 따라 행동해야 한다. 투자는 심리가 아니라 산수다.

큰 틀에서 보면 주식과 부동산 두 축을 이용하고, 이 둘을 적극적으로 활용하기보다는 시장 상황에 맞추어 투자한다. 5억 원의 여유 자금이 있다고 가정해보자. 부동산 시장이 좋다면, 무리가 되지 않는 선에서 부동산 투자를 위해 '임장'을 다니며 투자를 진행한다.

여기에서 무리가 되지 않는 선이라는 것은 극단적 상황이 다가와도 감당할 수 있는 수준을 의미한다. 아파트 갭 투자를 한다고 가정해보자. A아파트는 현재 매매가가 6억 원이고 전세는 4억 원이기 때문에 2억 원의 차액과 세금 납부 가능액만을 통해 매수를 할 수 있다. 가진 돈이 5억 원이라면 누군가는 이 아파트 2채를 매입해, 상승 국면에서 매도하여 세금을 제외하고 더 많은 수익을 얻고자 할 수 있다. 하지만 이 경우 손에 쥐고 있는 여유 자금은 5,000만 원도 채 되지 않는다.

나는 이런 투자는 하지 않는 편이다. 해당 A아파트의 전세가가 3억 원 수준까지 하락할 수 있다는 것까지 전제하며 1억 원 정도의 여유 자금을 함께 마련해둔다. 그래야 향후 자금이 부족하게 되는 상황을 방지할 수 있기 때문이다.

그렇다면 나머지 자금은 어떻게 하냐고? 해당 자금은 CMA 혹은 파킹통장 등에 넣어 예금금리와 비슷한 수준의 이자를 취하거나, 현금으로 남겨두며 향후 추이를 지켜볼 수 있다. 그리고 나머지 1억 5,000만 원 정도는 주식 및 채권 투자 등을 통해 자산을 증식시키는 방법을 세울 것이다.

주식 시장이 좋다면 주식에 당연히 크게 투입한다. 5억 원을 부동산 시장이 아니라, 주식 시장에 넣는 것이다. 이때도 5억 원 가운데 60%, 즉 3억 원만 투입한다. 나머지 40% 가운데 10% 가량은 국고채 혹은 특판발행어음 등에 가입해 은행 이자보다 높은 수준의 수익률을 추구한다. 나머지 30%는 CMA 혹은 파킹형 통장에 현금성 자산으로 보관하며 주식 시장의 변수에 대비한다.

주식 시장에 넣은 60%의 자금, 즉 3억 원 중 다시 60%를 장기성 투자(1년 이상)로, 30%는 중기형 투자(6개월~1년)로, 10%는 단기 투자로 나누어 매매한다. 가장 중요한 것은 원칙을 정해두는 것이다. 사고자 하는 종목을 한 번에 매수하고 한 번에 매도하는 것이 아니라 여러 번에 걸쳐 나누어 매수하고, 매도 역시 여러 번에 걸쳐 나누어 매도한다. 내가 하는 방식은 최대의 수익율을 가져올 수는 없지만, 최악의 상황을 피하고, 상당히 안정적 수익을 추구할 수 있는 모델이 된다. 이 책에 이미 이와 관련된 내용들을 구체적으로 담았다.

마지막으로 남들보다 먼저 시작하는 것이 중요하다고 말하고 싶다. 지금 시작해봐야 소용없다고 포기할 일이 아니다. 10년 정도를 투여해야 한다고 말하면 너무 긴 미래 같지만, 서른이라면 마흔이, 마흔이라면 오십은 금방 온다. 무엇보다 서른 살에 자산 축적을 시작한 사람과 마흔 살에 시작한 사람은 분명 다를 것이다.

지금은 직장 다니는 일에 집중하고, 나중에 경제적 여유가 생기고 세상에 대한 연륜이 생기면 자산 축적에 나서겠다고 마음먹고 있을 수 있다. 물론 여유도 연륜도 마흔이 더 나을 수 있겠지만, 무언가를 받아들이고 도전하는 패기, 다른 이들의 장점을 흡수하는 여유, 자녀에게 소요되는 비용 등 주변 환경을 고려하면 한 해라도 빠를수록 유리할 것이다.

특히 10년 뒤를 바라본다면, 마흔 살에 결과물을 내는 것과 쉰 살에 결과물을 내는 것은 굉장히 다르지 않은가. 나쁜 습관은 들이지 말고, 좋은 습관을 빠르게 익혀라. 그것이 결국 자기 힘으로 자산가가 될 수 있는 후천적 DNA를 기르는 유일한 방법이다. 빠르면 빠를수록 좋다.

신자산가의 인생 습관

초판 1쇄 발행 2024년 5월 25일
초판 4쇄 발행 2024년 7월 1일

지은이 | 서정덕
펴낸이 | 김보경
편집개발 | 김지혜, 하주현
디자인 | 이석운
일러스트 | 하이퍼펜션
영업 | 권순민
기획마케팅 | 박소영, 송성준
제작 | 한동수

펴낸곳 | (주)지와인
출판신고 | 2018년 10월 11일 제2018-000280호
주소 | (04026) 서울특별시 마포구 양화로1길 29 2층
전화 | 02)6408-9979 FAX | 02)6488-9992 e-mail | books@jiwain.co.kr

ⓒ 서정덕, 2024

ISBN 979-11-91521-33-7 03320

"이 책을 읽고 나면 모든 것이 다르게 보인다"
대기업 CEO부터 경영 전문가, 창업 컨설턴트까지
입을 모아 추천하는 마케팅 분야의 바이블!

THE NEW 좋아 보이는 것들의 비밀

보는 순간 사고 싶게 만드는 10가지 법칙

북모닝 CEO 최다 조회 강의!
NAVER 45만 조회 화제작!

팔리지 않는 시대!
평생 고객은 어떻게 만들어질까?
평생 할 수 있는 일은 어떻게 찾아질까?

오래가는 브랜드의 생각법

좋아하는 일을 오래 하고픈 이들이 알아야 할 7가지

40개국, 200개 기업, 1000개 매장에서 뽑아낸
모방 불가능한 브랜드가 되는 노하우!